Veronika Zickendraht

Der Stoff aus dem die Schlösser sind

Veronika Zickendraht

Der Stoff, aus dem die Schlösser sind

Der Wiederaufbau des Berliner Schlosses.
Wie Wilhelm von Boddien
eine verrückte Idee wahr machte.

adeo

INHALT

VORWORT

von Wolfgang Thierse

„Man entdeckt das Absurde nicht, ohne in die Versuchung zu geraten, ein Handbuch des Glücks zu schreiben" – so liest man es in dem berühmten Essay von Albert Camus „Der Mythos von Sisyphos". Dies fällt mir ein, wenn ich an Wilhelm von Boddien denke. War es nicht vollkommen absurd, dass Boddien Anfang der 90er-Jahre mit seinem Projekt an die Öffentlichkeit trat, das Berliner Schloss wieder errichten zu wollen!?

Ein hanseatischer Kaufmann, ein Landmaschinenhändler wollte 100 Millionen Euro sammeln für seinen Plan. An der Stelle des ehemaligen Schlosses stand noch der Palast der Republik, auch wenn seine Zukunft schon unsicher geworden war. Die Öffentlichkeit war mit ganz anderen Themen befasst. Die „Vereinigungskrise" nahm erste Umrisse an. Die Stadt Berlin laborierte an den vielen wirtschaftlichen, sozialen, infrastrukturellen und mentalen Problemen der Zusammenfügung zweier so ungleich gewordener Teile. Es gab hinreichend viele Anlässe für immer neue Aufregungen. Alles war wichtiger als dieses geradezu absurde Projekt.

Desinteresse, Kopfschütteln, Ablehnung damals. Und heute? Wir stehen vor Vollendung des Projekts. Der Traum Boddiens wird Wirklichkeit, wenn vielleicht auch nicht ganz so, wie er ihn geträumt hat. Sein Versprechen – damals von nicht wenigen des Größenwahnsinns oder mindestens des Leichtsinns verdächtigt – hat er eingelöst. Die Erwartungen an das Entstandene sind groß, wenn auch durchaus widersprüchlich. Nach Jahren des Streits, des Auf und Ab, der Euphorie und des Misstrauens ist Boddien am Ziel. Wieviel Kritik und Widerwillen und Widerstand aus der Architektenschaft, aus dem Feuilleton, aus der Politik war zu überwinden!

Wieviel ausdauernde Überzeugungsarbeit, wieviel zähe Gespräche, wie viele öffentliche Auseinandersetzungen waren zu bestehen, damit ein zunächst schier aussichtsloses Unterfangen Mehrheiten gewann und Schritt für Schritt realisiert werden konnte!

Ich weiß nicht mehr, wann meine erste Begegnung mit Boddien stattfand. Aber ich erinnere mich meines Eindrucks: *Da ist ein Mann, der ziemlich zäh ist, der seine Sturheit aber in Freundlichkeit kleidet.* Ein erster Eindruck, der sich immer wieder bestätigt hat. Wilhelm von Boddien, das ist eine erstaunliche Mischung aus störrischer Nervensäge und selbstbewusster Heiterkeit, aus schier unerschöpflicher Beharrlichkeit und einer nimmer müden Beredsamkeit, die alles andere ist als norddeutsch. Mit seinem Überredungseifer und seinem männlichen Charme hat er nach und nach immer mehr Menschen für seine Idee eingenommen und von seinem Projekt überzeugt. Mich auch.

Was waren und sind seine (und auch meine) Argumente? Zunächst ging und geht es um die Heilung einer Wunde im Herzen Berlins. Das Schloss, im Krieg zum erheblichen Teil zerstört, aber nach Kriegsende trotzdem Herberge für Ausstellungen, wurde auf Anordnung Walter Ulbrichts 1950 gesprengt. An dessen Stelle entstand ein Aufmarsch- und Paradeplatz. Ich habe dies immer als einen kulturbarbarischen Akt empfunden, an den die gähnende Leere des Ortes im Zentrum der Stadt bis in die 70er-Jahre auf schmerzliche Weise erinnerte. Sie wurde Mitte der 70er gefüllt mit dem Bau des „Palastes der Republik" – das bauliche und kulturelle Vorzeigeprojekt der DDR. Er wurde Ort der Volkskammersitzungen und großer Veranstaltungen wie der SED-Parteitage und der Unterhaltungsrevuen „Kessel Buntes". Auch wenn es wahrlich kein passendes Parlamentsgebäude war (wie sich 1990 mit der ersten freien Volkskammer zeigte), haben doch viele Menschen ganz freundliche Erinnerungen an „Erichs Lampenladen". Weil es darin ein buntes Unterhaltungsprogramm gab, subventioniertes Essen, eine funktionierende Kegelbahn und sogar Telefonzellen, aus denen man fast ohne Bezahlung mit dem Westen telefonieren konnte.

Warum hätte man diesen Palast abreißen sollen – wenn es nicht die festgestellte schwere Asbestbelastung gegeben hätte (die bis heute von manchen als böse Machenschaft der „westlichen Sieger" verdächtigt wird). Erst danach, erst mit dem Rückbau aufs Gerippe und mit dem endgültigen Abriss entstand eine neue Entscheidungssituation: Wiederaufbau des Palastes? Aber von wem, für welchen Zweck, für welche Funktion? Oder ein Neubau? Ein städtebaulich-architektonischer-Wettbewerb erbrachte keinerlei wirklich überzeugende Ergebnisse. (Ich werde jedenfalls meine tiefe Enttäuschung nach dem Besuch der Wettbewerbsausstellung im Berliner Staatsratsgebäude nicht vergessen!)

Das war das Momentum für Boddien, die Chance für eine Alternative historisch-historisierender Art! Und mit der „Schlossattrappe" im Jahre 1993 hatte die Idee geradezu suggestive sinnliche Überzeugungskraft gewonnen. Man konnte es wirklich sehen (!), was der Baukörper des Schlosses für die Mitte der Stadt städtebaulich und ästhetisch bedeutet. Man konnte es vom Brandenburger Tor aus sehen, worin die Straße Unter den Linden ihr eigenes Ende, ja ihr Ziel findet.

Es tut der Stadt Berlin gut, wenn in ihrer alten historischen Mitte, ihrer kostbarsten Stelle, nämlich der Museumsinsel, Geschichte wiedergewonnen wird! Gerade in einer Stadt, die sich – nach einem berühmten Diktum – alle 40 Jahre selbst zerstört, in einer Stadt mit so viel moderner Architektur von sehr guter und guter, aber auch schlechter und sehr schlechter Qualität, hilft solch wiedergewonnene sichtbare Geschichte dem inneren Gleichgewicht der Stadt. Die meisten Menschen erleben Städte als schön, als reich und als menschengemäß, wenn in ihnen verschiedene Schichten ihrer Geschichte optisch erfahrbar sind, wenn in ihnen Geschichte sinnlich-gegenständlich im Gebauten erlebbar ist. Man denke an Rom, an Prag, an Paris, man denke an deutsche Städte, die durch Jahrhunderte geprägt sind. Wie langweilig dagegen sind Städte von historischer Einschichtigkeit!

Deswegen ärgert mich, dass Berlin nicht erlaubt sein soll, was in vielen deutschen Städten erlaubt gewesen ist, zu deren Glück. Wie sähen Münster, Hildesheim, München und viele andere Städte aus ohne Wiederaufbau oder Nachbau historischer Gebäude und Straßenverläufe und stadtbildprägende Ensembles! Deswegen ärgert mich der Denkmalpflege-Dogmatismus: Was einmal verfallen, zerstört, verschwunden ist, aus welchen Gründen auch immer, das dürfe nicht wiederkehren. Das wäre dann Fake, wäre Disney-Land. (Georg Dehio aber hatte seine Maximen lange vor den furchtbaren Zerstörungen durch die Kriege des 20. Jahrhunderts formuliert.) Deswegen ärgere ich mich über den mangelnden Sinn für Geschichte, für geschichtsgeprägte Lebens- und Stadträume bei nicht wenigen Architekten. Als sei Zeitgenossenschaft von Architektur nur gegen oder ohne Geschichte zu haben. Und deswegen ärgere ich mich über die ideologische Befrachtung des Berliner Schlosses zum Symbol schlechthin des preußisch-deutschen Militarismus und Imperialismus, zum Symbol eines Vergangenen und hoffentlich endgültig Überwundenem. Dessen teilweiser Wiederaufbau etwas durch und durch Reaktionäres sei, Ausdruck einer falschen, gefährlichen Sehnsucht nach dem Gestern. Ist das wirklich so?

Ende der 90er-Jahre hat der Deutsche Bundestag eine internationale Expertenkommission „Historische Mitte Berlins" berufen, deren Mitglied ich als Bundestagspräsident war. Diese Kommission sollte Vorschläge zur Gestaltung des Berliner Zentrums, zur Zukunft der leeren Stelle auf der Museumsinsel erarbeiten. Es gab intensive Diskussionen zu städtebaulichen und architektonischen, zu historischen und politischen Fragen, vor allem aber über die Frage: Was soll die alte Mitte künftig sein und für wen? Wessen Ort soll sie sein? Was soll dort stattfinden für die Bürger der Stadt, des Landes, für die Besucher aus der Welt?

Diese Fragen fanden eine überzeugende Antwort mit dem von Klaus-Dieter Lehmann, dem Präsidenten der Stiftung Preußischer Kulturbesitz, initiierten Vorschlag: Das Berliner Zentrum sollte ein Ort der Weltoffenheit, der Weltbezüge, für die der Name Humboldt steht, werden! Neben die europäische Kulturgeschichte, die in den benachbarten Museen präsentiert wird, sollte die globale Kultur-Geschichte treten und zum lebendigen Austausch einladen. Nicht um ein Museum sollte es gehen, sondern um einen Ort kulturellen Dialogs und aktueller Kommunikation. Die Idee des Humboldt Forums war geboren, und es war eine Idee der Verbindung von Alt und Neu, von Geschichte und Moderne!

Der Deutsche Bundestag machte sich den Kommissionsvorschlag zu eigen, fasste mit jeweils großer Mehrheit Beschlüsse zu Humboldt Forum und Berliner Schloss, zu einem Architekturwettbewerb, zur Finanzierung von Bau und Nutzung. Beschlüsse mit höherer Autorität sind in einer parlamentarischen Demokratie eigentlich nicht möglich. Trotzdem: Widerwillen und Abwehr, Häme und Kritik bei einem Teil der Öffentlichkeit, des Feuilletons, der Bürger blieben – und die Zweifel, dass die notwendigen Spenden für die historische Fassade zusammenkommen auch. Denn das war ja der stolze Anspruch Boddiens gewesen: Die Wiedergewinnung des historischen Antlitzes dieses Bauwerks sollte eine Angelegenheit der Bürgerschaft sein. Das genau dies trotz der hämischen Zweifel erreicht worden ist, das ist die Leistung Wilhelm von Boddiens und seines Fördervereins Berliner Schloss. Alles, was spendenfinanziert gebaut werden sollte, ist tatsächlich spendenfinanziert gebaut worden. Das Versprechen ist eingelöst. Chapeau, lieber Boddien!

„Der Kampf gegen Gipfel vermag ein Menschenherz auszufüllen. Wir müssen uns Sisyphos als einen glücklichen Menschen vorstellen", so endet der Text von Albert Camus. Wilhelm von Boddien hat sein Ziel erreicht. Er muss eigentlich ein sehr glücklicher Mensch sein. Oder folgt etwa jetzt die berühmt-berüchtigte „Erfüllungsmelancholie"?

Dr. h.c. Wolfgang Thierse (SPD) war von 1998 – 2005 Präsident des Deutschen Bundestags.

Wilhelm von Boddien (1994)

ERSTE BEGEGNUNG

Im Sommer 2019 verzogen sich die letzten Ausläufer des „Berliner-Schlossgegner-Geistes" ins Voralpenland. Im Welfenschloss Cumberland in Gmunden, in standesgemäßem Rahmen, traf sich eine Schar handverlesener Architekten zu einem Symposium. Als der Vorredner des Ehrengastes Wilhelm von Boddien die zu rekonstruierende Barockfassade des Humboldt Forums anprangerte, gebärdete er sich, als gelte es, ein lokales Desaster zu bereinigen. Von Satz zu Satz gewann er an Lautstärke, und seine Wortwahl gipfelte in verbalen Faustschlägen. Noch bevor Boddien ans Podium trat, war er schon in Grund und Boden gerammt.

Ein wenig erheitert dachte ich, der Spezialist für die „Bauqualität heimischer Schlösser" wolle wohl zeigen, dass er wusste, was in der Welt passierte. Doch ehe ich meinen Gedanken noch zu Ende gedacht hatte, erhob sich Wilhelm von Boddien und schritt gelassen auf das Rednerpult zu. Er drehte sich zum Publikum, hörte, wie er angekündigt wurde, nickte, lächelte und stand über Gebühr lange. So, als ob er schon vorab Ovationen erwarten würde.

Die ersten Sätze waren voll des Dankes an seinen Vorredner. Gekonnt flocht er dessen Vorwürfe in seinen Vortrag ein. Bestätigte sie und dankte erneut, wie authentisch dieser ihn doch ins „Berliner Geschehen" eingeführt hätte. Ich beobachtete ihn, während er redete, seine Gestik und Mimik, seine Tonlage. Wilhelm von Boddien ruhte völlig in sich. Die Querschläger seines Vorredners hatten ihm nichts angetan. Im Gegenteil. Er benutzte sie, spielte mit ihnen. Souverän!

„Außerdem freue ich mich", sagte er, *„im schönen Salzkammergut zu sein, die gesunde Berg- und Seeluft atmen und in einem Welfen-Königsschloss sprechen zu dürfen."*

Mir kam es so vor, als trüge er unter seinem Poloshirt eine schusssichere Weste. Wie viele Jahre hatte er wohl gebraucht, um so resilient zu werden? So gekonnt mit Krisen umzugehen, Stress, Frust und Rückschläge einfach wegzustecken, sie zu überleben. Und Kraft daraus zu ziehen!

Nach Ende seines halbstündigen Vortrags, den er frei sprach, quasi aus der Lamäng, gespickt mit Episödchen und Anekdötchen, waren die Zuhörer voll der Neugier auf Berlin. Selbst seinen preußisch-hanseatischen Tonfall, der bei uns Österreichern heute noch im ersten Moment Gefühle wie „Hände an die Hosennaht" hervorruft, steckte man weg.

Kaum war der Beifall verrauscht, stand ich vor ihm und fragte: *„Darf ich uns was zu trinken besorgen?"*

Er hatte das Büffet am Ende des Saals vor Augen, und sagte lachend: *„Die Schnittchen bringe ich."*

Dann saßen wir da, bei Weißwein- und Apfelschorle. Der Berliner würde sagen: „Da kiekste!" Er kaute, freute sich über den smaragdgrünen Traunsee und bewunderte die Gebirgskette, die scharfkantig in den Himmel wuchs.

Mir aber waren die schroffen Worte noch im Ohr, die ihm sein Vorredner entgegengehalten hatte. Ich wollte abmildern, stammelte etwas von Provinz und kleinstädtischer Enge. Als dürfte nichts diesen schönen Tag trüben, hielt er locker dagegen: *„Wissen Sie, noch bevor der Bau des Berliner Schlosses begann, bekam ich eine Einladung der Charlottenburger CDU in den Tennisclub Blau-Weiß, um einen Vortrag zu halten."* – Wie zur Bestätigung dessen nickte er, biss in das Lachsbrötchen und gestand: *„Ich dachte bei mir, du meine Güte, je 300 Kilometer Hamburg-Berlin hin und zurück, und wofür das alles? Damals war ich noch ein wenig überheblicher und sagte: ‚Wissen Sie was? Ich komme zu Ihnen. Aber nur, wenn Sie mir garantieren, dass mindestens fünfzig Leute da sind. Für weniger tue ich mir die Reise nicht an.' Worauf er mir großzügig hundert Häupter versprach.*

Als ich dann nach Berlin kam, waren es dreizehn. Ich war stinksauer. Aber dann habe ich mir gedacht: ‚Die Dreizehn können ja nichts dafür, dass die CDU–Charlottenburg nicht funktioniert. Die hören jetzt den besten Vortrag, den du je gehalten hast. Wer weiß, wem das nützt.'

Zwei Tage später schlage ich die Berliner Morgenpost auf, eine der großen bürgerlichen Zeitungen Berlins, und sehe zu meinem Erstaunen einen Bericht über meinen Vortrag auf Seite eins. Und plötzlich hatte ich hunderttausend Zuhörer, die ganze Leserschaft dieser Zeitung.

Das Berliner Schloss. Großer Kurfürst und Schlossplatzfassade vor dem 2. Weltkrieg.

Der Palast der Republik.

„*Was war geschehen?*", fragte er, und schob den leeren Teller von sich. „*Einer der dreizehn Besucher meines Vortrags war Chefreporter der Morgenpost. Und da er den Vortrag gut fand, hat er die Redaktion überzeugt, darüber zu berichten. Stellen Sie sich vor, ich hätte da dummes Zeug geredet oder meine Wut an den dreizehn Zuhörern ausgelassen. Dann wäre ich zwei Tage später hunderttausendfach in die Pfanne gehauen worden.*"

Am späten Abend dieses ereignisreichen Tages wurde im Rahmen des Architekturprogramms aus dem Roman „Das Schloss" von Franz Kafka gelesen. Unter uns gesagt ist das etwas spukige Schloss Cumberland schon seit geraumer Zeit ein Pflegeheim für psychisch schwerkranke Menschen. – Aber das hat natürlich nichts zu bedeuten.

Ich war froh, dass ich Wilhelm von Boddien noch nichts von meinem Vorhaben erzählt hatte, ein Buch über ihn schreiben zu wollen. Journalisten öffnet er ungern sein Herz.

WER ZULETZT LACHT, LACHT AM HELLSTEN

Als Wilhelm von Boddien vor die Presse trat und erklärte, er würde 105 Millionen Euro für den Bau des Berliner Schlosses aus Spendengeldern aufbringen,

hielt man es nicht einmal für nötig, hinter vorgehaltener Hand zu lachen. – Ein Landmaschinenhändler aus Schleswig-Holstein ... was würde der mit seinen Überzeugungskünsten wohl ausrichten? Es stand ihm ja nichts auf der Stirn geschrieben.

Bis 1990 interessierte sich kein Mensch für das Schloss. Weder im Osten noch im Westen. Erst als die Karten nach der Wende neu gemischt wurden, stieg das Preußenschloss, wie aus dem Nebel, in die Berliner Köpfe auf. Der Publizist Wolf Jobst Siedler schrieb 1991: „Das Schloss lag nicht in Berlin – Berlin *war* das Schloss."

Die Diskussion um den Palast der Republik nahm nun Fahrt auf. „Sein oder Abriss?" war die Frage. Plötzlich wurde das Schloss zum Symbol für die Mitte Berlins.

1993. Demonstration gegen den Abbruch des Palastes.

17

Großer Kurfürst und Schlossplatzfassade.

Die Schlossplatzfassade vor der Sprengung.

2020. Die wiederaufgebaute Schlossplatzfassade vor der Fertigstellung des Schlossumfeldes. Die 8 Balustradenfiguren über den Portalen müssen noch rekonstruiert werden.

Prominente wie Wolfgang Thierse und Joachim Fest stellten sich hinter Boddien und stärkten ihm den Rücken.

1992 gründete Boddien den gemeinnützigen Förderverein *Berliner Schloss e.V.*, um die Spendensammlung möglich zu machen. Mit den wachsenden Chancen eines möglichen Wiederaufbaus wuchs die Anzahl der Spötter. Wilhelm von Boddien wurde für sie zum „Schlossgespenst" und zum „Chef der Schlossfälscherbande". Doch weglachen konnten sie seinen Geist nicht. Von nun an gerieten die Auseinandersetzun-

gen zwischen Befürwortern und Gegnern „berlinerisch rau". Es gab regelrechte Wutwellen, die nach Genehmigungsschritten auf- und abschwappten. Für die Medien war das ein gefundenes Fressen, es tobte der Kampf um das Schloss und den Erhalt des Palastes der Republik.

Etwas Ähnliches gab es schon einmal, als Kurfürst Friedrich II., genannt Eisenzahn, die Macht übernahm und die Bürger der Doppelstadt Cölln/Berlin zwang, ihm Land an der Furt über die Spree für den Bau einer Burg abzutreten, aus dem später das Schloss wurde. Die Cöllner und Berliner wehrten sich nach Kräften

Das Schloss von der Brüderstraße aus, Vorkriegsaufnahme.

gingen als „Berliner Unwille" in die Geschichte ein. Die Burg wurde übrigens trotzdem fertiggestellt.

Auch heute musste gekämpft werden. Aber Fortuna war mit Boddien. Als er im Jahre 1993 in der Mitte Berlins für eineinhalb Jahre, also zwei Sommer und einen Winter, eine riesige Plastikfolie aufspannte, die die Fassade genau jenes Berliner Schlosses zeigte, wuchs in der Bevölkerung eine Sehnsucht, die sich nur durch ein reales Schloss stillen ließ. Das „Plastik-Schloss", wie es genannt wurde, war mehr als ein Gag.

Wilhelm von Boddien verfügt über eine gehörige Portion Selbstironie. Und eine Menge taktisches Geschick. Die Kunst, Kompromisse zu schließen, beherrscht er meisterhaft. Immer, wenn es eng wurde, übte er sich in dem Gebrauch des Wörtchens „trotzdem". Trotzig allerdings wurde er nie.

Fünfundzwanzig Jahre lang zog er Tausende Fäden, aus denen er mit seinen Bauleuten, Sponsoren und der gesamten Mannschaft des Humboldt Forums das Prachtschloss wob. Heute ist ihm die Freude des Gelingens ins Gesicht geschrieben. Nirgendwo sonst könne man so verrückt sein wie in Berlin, sagte er. Und lachte hell und versöhnt auf.

Mit dem Glanz der „Plastik-Attrappe" ist ihm eine grandiose Verführung gelungen. Dass daraus ein wahres, aus 3,5 Millionen Ziegeln erbautes barockverziertes Schloss werden konnte, ist eine wundersame Konsequenz seiner Beharrlichkeit.

dagegen. Ende Dezember 1447 versuchte Friedrich erfolglos, die Wogen zu glätten und eine Einigung zu seinen Gunsten zu erreichen. 1448 schließlich erhoben sich die Bürger offen gegen ihren Landesherrn. Sie belagerten das Hohe Haus und vernichteten einen Teil der dort lagernden Akten und Urkunden. Auf dem Höhepunkt der Auseinandersetzung wurden die Spreeschleusen geöffnet und der Bauplatz der geplanten Burg, der „Zwing Cölln", unter Wasser gesetzt. Diese Ereignisse

Das gleiche Motiv 1950: Die Sprengarbeiten wurden begonnen. Vor der gesprengten Fassade steht die Kipplorenbahn, mit der der Trümmerschutt abgefahren wurde.

Das Schloss zur Schlossfreiheit, Vorkriegsaufnahme.

Das gleiche Motiv 1950 vor der Sprengung zeigt, wie erhaltenswert die ausgebrannte Ruine war.

SCHLOSSGESCHICHTE

TALIBANISCHER IRRSINN

Bei einem Bombenangriff am 3. Februar 1945 brannte das Berliner Schloss bis auf den Nordwestflügel aus. Nahezu alle Prunkräume wurden vom Feuer vernichtet. Mit gutem Willen und den nötigen finanziellen Mitteln hätte es, wie das nicht geringer zerstörte Schloss Charlottenburg, wiederaufgebaut werden

Die gähnende, traurige Leere des Marx-Engels-Platzes mit der Tribüne auf dem Grund, wo vorher das Schloss stand, aufgenommen aus der gleichen Perspektive wie die Bilder links. Das ist der „horror vacui" (Klaus Hartung).

Abgeräumt. Berlins leere Mitte 1955. Rechts oben Dom und leerer Schlossplatz, links oben der Gendarmenmarkt.

VW Käfer und fuhr bei strömendem Regen nach Lübeck. Die Hansestadt war nach dem Krieg eine einzige Ruine. Inmitten der Zerstörungen erzählte die kunsthistorisch sehr gebildete Frau ihren Kindern kleine Geschichten über Romanik, Gotik, Renaissance und Barock. Am Ende dieser kleinen „Vorlesung" schaute sie ihre Kinder an, und sagte leise: „Stellt euch vor, genau in diesem Moment wird in Berlin das bedeutendste Barockschloss in Deutschland gesprengt. Ein grandioses Kulturdenkmal. Es ist ein Skandal!"

KLEINES REICHSPARTEITAGSGELÄNDE

Kurz vor seinem Abitur kam Wilhelm von Boddien zum ersten Mal nach Berlin. Mit großer Neugier und völlig falscher Vorstellung. Er konnte einfach nicht glauben, im Zentrum Berlins zu sein, der deutschen Hauptstadt, Kulturstadt und Residenz. Er wusste, wie zerstört Hamburg war. Aber da standen die Häuser noch in ihren Strukturen. Im Zentrum baute man die Ruinen wieder auf. Er mochte die schönen Blicke von der Alster auf die Stadt Hamburg, so, wie sie vor dem Krieg einmal gewesen war. Mit den vielen alten Häusern.

Aber hier in Berlin, 1961, es war kurz vor dem Bau der Mauer, kam er in eine Wüste. In eine sowjetische Großstadt, durch die gerade die deutsche Wehrmacht marschiert war: völlig abgeräumt.

können. Darin sind sich alle Experten einig. Für Walter Ulbricht allerdings war das Schloss Symbol einer untergegangenen, einst herrschenden Klasse. Also musste es weg.

Am 22. Juli 1950 rief er auf dem 3. Parteitag der SED in einem Anflug von talibanischem Irrsinn seinen Genossen zu: „Das Zentrum unserer Hauptstadt, der Lustgarten und das Gebiet der jetzigen Schlossruine, müssen zu dem großen Demonstrationsplatz werden, auf dem der Kampfwille und der Aufbauwille unseres Volkes Ausdruck finden können."[1]

Ein paar Monate später, am 7. September 1950, packte Elisabeth von Boddien ihre Kinder in einen

Berlin 1945, Kriegsende. Das Luftbild zeigt die verheerenden Zerstörungen nach dem Bombenangriff am 3. Februar und nach der Schlacht um Berlin und dem sowjetischen Einmarsch Ende April.

September 1950: Vorbereitung zur Sprengung der Südwestecke. Rechts im Bild bohren zwei Bauarbeiter die Löcher für die Sprengladungen

Die Sprengung der Südwestecke

Auf dem Marx–Engels–Platz, auf dem früher das Schloss stand, fand er, wie ein Pfahl im Fleische der Stadt, eine Tribüne, auf der sich die Oberbonzen vom Volk bejubeln ließen.

Es gab kaum Autoverkehr und nur wenige Menschen waren auf den Straßen. Auf ihn wirkte diese gähnende Leere düster und bedrückend.

Mit seiner Schulklasse war er zuvor in Franken gewesen. Damals gehörte die Besichtigung des Reichsparteitags-Geländes in Nürnberg natürlich zum Pflichtprogramm. Diese großkotzige Fassade einer

FDJ-Propaganda mit Grotewohl, Stalin, Pieck und Fahnen. Die Jugend wurde zu „freiwilligen Aufbauschichten" in die gesprengte Ruine beordert, um sie zu enttrümmern.

verbrecherischen Idee entsetzte ihn. Und auch das, was er in Berlin sah, machte ihn sprachlos. Auf diesem Aufmarschplatz, diesem plattgewalzten Schutthaufen, stand einst das Werk so genialer Baumeister wie Andreas Schlüter, Johann Eosander von Göthe,

Carl Gontard und Karl Friedrich Schinkel. Verächtlich nannte er die große Freifläche das kleine „Reichsparteitagsgelände der DDR".

Jahrhundertelang war das Schloss Dreh- und Angelpunkt historischer Ereignisse gewesen. Hier schwor

Das Renaissanceschloss von Kurfürst Joachim.

1914 Kaiser Wilhelm II. vom Balkon aus seine Untertanen auf den Ersten Weltkrieg ein. Vier Jahre später rief Karl Liebknecht vor dem Schloss die sozialistische Republik aus.

Als eine Passantin Boddien erzählte, dass genau auf diesem Aufmarschplatz bis 1950 das kriegsbeschädigte Schloss gestanden hatte, erinnerte er sich der Worte seiner Mutter im Lübecker Dom. Hörte innerlich ihre Betroffenheit, mit der sie sagte: *„Heute wird das Schloss gesprengt…"*

Elf Jahre war das her. Und jetzt stand er da, gerade einmal neunzehn Jahre alt, schaute sich um, und just in diesem Moment sagte eine innere Stimme klar und bestimmt: *„Das Schloss muss wiederaufgebaut werden!"*

Berlin im 17. Jahrhundert, rechts der Jagdweg Unter den Linden.

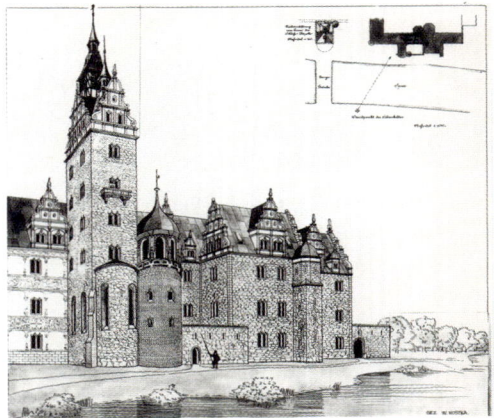

Rekonstruktionsversuch der ersten Burg Friedrichs II. durch Albert Geyer. Von ihr gibt es keine Bilder.

Die Spreefassade des Schlosses mit den Bauten des Großen Kurfürsten.

Die Schlossapotheke

Intrede des Konings van Pruissen in de Stadt en 't Kasteel van Berlin.

Ingressus Serenissimi Regis Borussiae in urbem Arcemque Berolinensem.

Der Einzug König Friedrichs I. 1701 in das von Schlüter umgebaute Berliner Schloss nach seiner Krönung in Königsberg.

DIE BAUMEISTER UND IHRE KÖNIGE

Nach dem „Berliner Unwillen" kehrte erst einmal Ruhe ein. Die Burg verschwand schon 1538, als Kurfürst Joachim II. sie zu einem veritablen Renaissanceschloss umgestalten ließ. Seine Prunksucht verlangte nach Prachtbauten. Also beauftragte er die Baumeister Caspar Theiss (1510–1550) und Konrad Krebs (1492-1540) damit, ihm eine würdige Residenz in den Berliner Sand zu stellen. Die große symmetrische Anlage ließ er mit aufwendigen Rundtürmen und Bogengalerien verzieren.

Unter seinem Nachfolger Johann Georg (1525–1598) begann das Interesse an der Medizin zu blühen. Also wies der Fürst Ende des 16. Jahrhunderts Hofbaumeister Rochus Graf zu Lynar (1525–1596) an, ihm im Westflügel eine Hofapotheke zu errichten. Am Ende des Dreißigjährigen Krieges lag das Land in Schutt und Asche. Das Schloss war verwahrlost und baufällig. Die umfangreiche Instandsetzung schwächte die Staatskasse. Erst in der Spätzeit seiner Herrschaft war Friedrich-Wilhelm I., der Große Kurfürst (1620–1688), in der Lage, die nötigen Mittel für den Bau bedeutender Innenräume wie die Kugelkammer oder die Braunschweigische Galerie aufzubringen. Johann Arnold Nering (1659–1695) ließ sie im Galerietrakt an der Spree einbauen. Unter Kurfürst Friedrich III. (1657–1713), der sich 1701 in

König Friedrich I. in Preußen im Krönungsornat.

Königsberg selbst zum König Friedrich I. in Preußen krönte, verlieh man dem Bau alle Insignien einer repräsentativen Residenz.

Um seine Königswürde gebührend zur Schau zu stellen, scheute er in Konkurrenz zu Ludwig XIV., der Versailles bauen ließ, keinerlei Kosten. Er beauftragte den Baumeister Andreas Schlüter (1664–1714) damit, das Schloss zu einem der bedeutendsten Profanbauten des protestantischen Barocks werden zu lassen.

Auf Wunsch des Königs sollte der Münzturm des Schlosses zu einem „von den schönsten Kunststücken der Welt" werden. 1702 machte sich Schlüter ans Werk, den Turm bis zu einer Höhe von 95 Metern aufzustocken. Ein in Holland erworbenes, 12.000 Gulden teures Glockenspiel sollte darin eingebaut werden, um weit über die Lande zu klingen. Leider erwies sich das Vorhaben als undurchführbar, da ein tragfähiges Fundament „an diesem bodenlosen und incorriglen Ort" scheitern musste. 1706 kam es zum Grundbruch durch eine mächtige Torflinse. Der Turm musste wegen Einsturzgefahr wieder abgebrochen werden, und Andreas Schlüter wurde zum Schlossbildhauer degradiert.

Seinen Posten übernahm nun Konkurrent Johann Eosander, genannt von Göthe (1669 – 1728), der mit seinen Plänen versuchte, des Königs Hang zum Monumentalen gerecht zu werden. Er verdoppelte das Schloss mit einem Erweiterungsbau nach Westen. Böse Zungen behaupteten, Eosander hätte kurzerhand die Schlüterschen Pläne kopiert, um die Schlossanlage zu vergrößern.

Der Rittersaal war der Thronsaal des Schlosses. Der Trompeterbalkon über dem Hauptportal war ursprünglich aus massivem Silber. Zusammen mit dem Eosanderbuffet an der linken Wand stellte er einen Teil des brandenburgisch-preußischen Staatsschatzes dar.

REGIA BEROLINENSIS.

Instaurante SCHLÜTERO Architect. Directore.

5 Modell des Berliner Schlosses von A. Schlüter. Ansicht vom Schloßplatz aus der Vogelperspektive. Kupferstich, gezeichnet »ad vivum« von C.F. Biesendorff, gestochen von J. U. Kraus. Kopfleiste in: L. Beger, Thesaurus Brandenburgicus III (Cölln 1701) S. 3.

Die älteste Darstellung des Schlüterbaus um 1701.

Der Münzturm von den Linden aus gesehen. Rekonstruktion von Goerd Peschken.

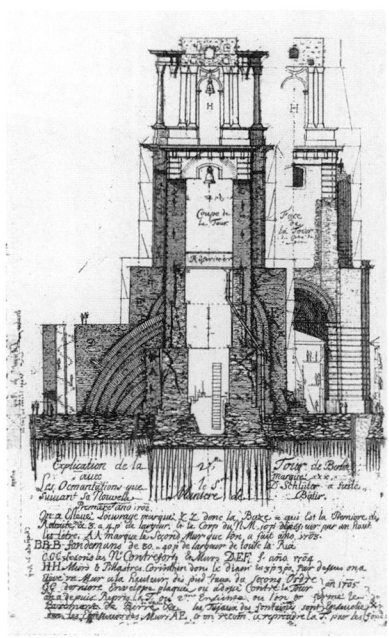

Originalzeichnungen von Andreas Schlüter mit dem vergeblichen Versuch, den sich neigenden Turm mit Seitengebäuden zu stabilisieren. Wegen des Grundbruchs unter dem Turm drohte er einzustürzen und musste abgebrochen werden. Dies war das Ende Andreas Schlüters als Schlossbaumeister. Sein Nachfolger wurde 1706 Johann Eosander von Göthe.

Der Schlüterhof war das Proszenium des Hofzeremoniells. Staatsgäste betraten das Schloss durch das Gigantentreppenhaus rechts.

Das Gigantentreppenhaus unterstrich die Würde des Königs. In ihm wurde allegorisch die Schlacht der Götter mit den Giganten dargestellt, die Zeus vom Olymp vertreiben wollten.

Project des neuen Müntz-Thurms
wie solcher auf den Schlosse zu Berlin angelegt
werden soll

Eosander entwarf eine riesige Kuppel auf der Westfassade über seinem Triumphportal. Sie sollte den Münzturm ersetzen. Es kam nicht mehr zu dem Bau. Friedrich I. verstarb 1713 und hinterließ einen Staat, der fast bankrott war. Sein Nachfolger Friedrich Wilhelm I. ordnete rigorose Sparmaßnahmen an und verjagte den Hofstaat seines Vaters, auch Schlüter und Eosander.

Im Mittelpunkt des neuen Anbaus entstand das Eosanderportal, das von einer über 100 Meter hohen Turmkuppel gekrönt werden sollte. Den Schlüterhof wollte Eosander durch eine riesige, im Bogen verlaufende Säulengalerie unter Abbruch des Quergebäudes mit dem von ihm neuerrichteten Schlosshof verbinden. Leider konnte er sein Werk nicht vollenden, da 1713 Friedrich I. starb. Er hinterließ einen nahezu bankrotten Staat. Angelastet wurde der klamme Staatsbeutel unter anderem dem armen Eosander von Göthe. Er wurde ob seiner Verschwendungssucht beim Staatsbegräbnis des Königs mit Schimpf und Schande davongejagt.

Das Sagen hatte fortan der Soldatenkönig Friedrich Wilhelm I. (1688–1740). Er reformierte die Verwaltung, sanierte die Finanzen, eigentlich passte sein zweiter Beiname „der Plusmacher" viel besser zu ihm. Von 1713 bis 1716 ließ er das Schloss vom Schlüter-Schüler Martin Heinrich Böhme (1676–1725) vollenden.

Im Innenausbau verzichtete man nun auf jeglichen Prunk. Viele Deckengemälde ließ Friedrich Wilhelm einfach weiß übertünchen. Der barocke Lustgarten wurde auf königlichen Wunsch in einen staubigen Exerzierplatz verwandelt.

Unter jedem König (bis zum Zusammenbruch des Kaiserreiches 1918) wurden im Inneren neue, prunkvolle Raumfluchten von den bedeutendsten Bau-

Um 1847: Entwurfsplan der Laterne auf der Kuppel.

Um 1847: Stülers Kuppelentwurf. Seine Kuppel wurde nun rekonstruiert und auf das neue Berliner Schloss gesetzt.

Wie sich die Bilder gleichen! Kaiser Wilhelm II. proklamiert 1914 vom Schlossbalkon den 1. Weltkrieg.

„Der König ist tot, es lebe der König!" Karl Liebknecht proklamiert 1918 (erfolglos) die Sozialistische Deutsche Republik.

meistern und Künstlern der Zeit geschaffen. Oder vorherige umgestaltet. Die äußere Architektur blieb jedoch unangetastet. Eine Ausnahme bildete der Kuppelbau von Friedrich August Stüler (1800–1865) und Albert Dietrich Schadow (1797–1869) in den Jahren 1845 bis 1853. Der Bau folgte einem durch Karl Friedrich Schinkel (1781–1841) bearbeiteten Entwurf von Friedrich Wilhelm IV. (1795–1861), dem „Romantiker auf dem Thron". Die von einem Kreuz gekrönte Kuppel über dem Eosanderportal beherbergte die Schlosskapelle, die im Januar 1854 eingeweiht wurde.

Ab 1871 wurde das Schloss unter Wilhelm I. (kommissarischer König von 1858–1861, König von 1861–1871, Kaiser von 1871–1888) zur kaiserlichen Residenz.

Ungern erinnerte man sich während der „Amtszeit" von Friedrich Wilhelm III. (König von 1797–1840) an den kurzzeitigen Untermieter Napoleon I. im Oktober 1806. Gott sei Dank wohnte der Korse nur wenige Tage im Schloss. Unverzeihlich schien, dass er seinen Adjutanten das Schlafzimmer von Königin Luise zuwies.

SCHAUPLATZ SYMBOLTRÄCHTIGER EREIGNISSE

Während der Märzrevolution von 1848 war der Schlossplatz sowohl Versammlungsort friedlicher Demonstrationen als auch Schauplatz blutiger Straßen-

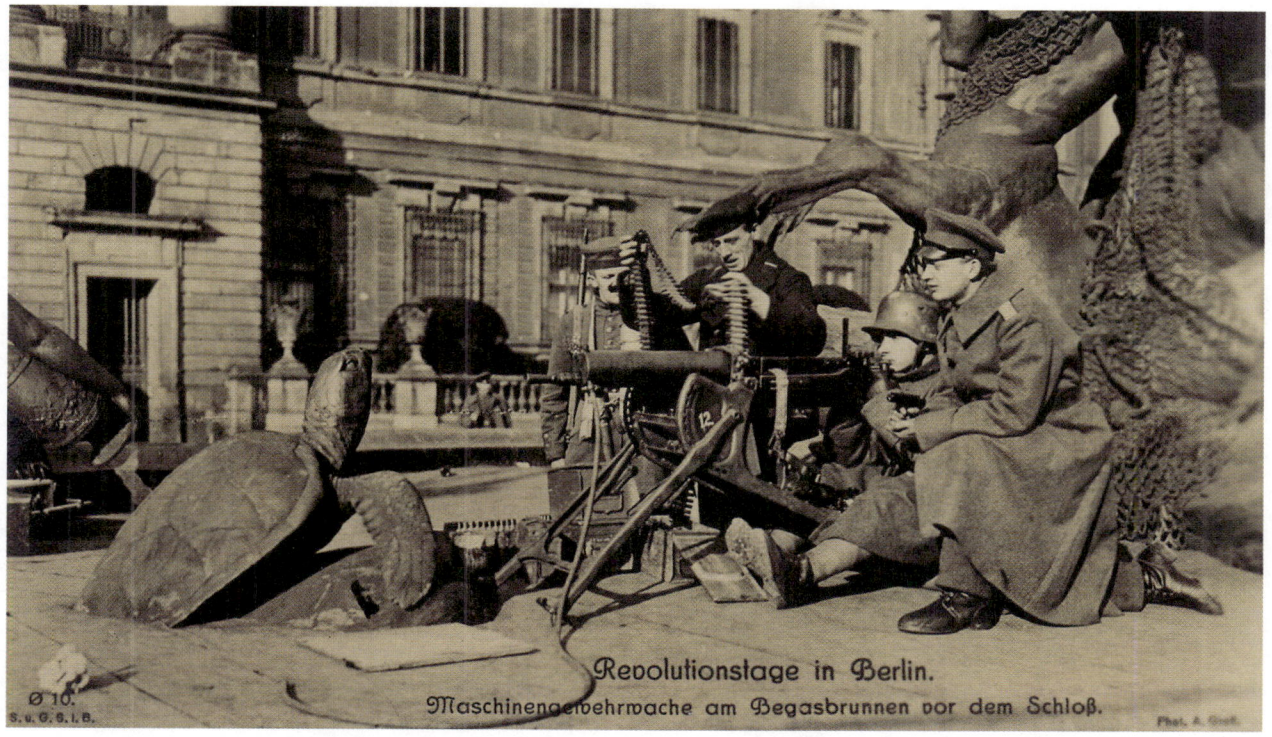

Novemberrevolution 1918 am Schloss. Soldaten mit MG im Schlossbrunnen.

kämpfe. Friedrich Wilhelm IV. versuchte die Massen durch Balkonreden zu beruhigen.

Im Ersten Weltkrieg hielt Kaiser Wilhelm II. ebenfalls Balkonreden. Am 31. Juli und 1. August 1914 wollte er seine Untertanen auf den gerade ausgebrochenen Krieg einstimmen, die nationale Einheit beschwören! Vier Jahre später hatte auch der Sozialist Karl Liebknecht etwas vom Balkon herab zu verkünden. Was

genau, darüber gehen die Meinungen auseinander. Laut „Vossischer Zeitung" rief er am 9. November vom Balkon aus den begeisterten Menschenmassen zu, dass der Arbeiter- und Soldatenrat das Schloss in seinen Schutz genommen habe. Es sei kein beliebiges Privateigentum mehr, sondern Volkseigentum.

(weiter auf Seite 43)

Der Schlossbezirk war in der Weimarer Republik häufig Ort auch gewaltsamer Demonstrationen der Kommunisten und Nationalsozialisten. Hier eine kommunistische Demonstration vor dem Eosanderportal in den 20er-Jahren des 20. Jahrhunderts.

1935. Die Nationalsozialisten missbrauchten den Lustgarten für ihre militärischen Aufmärsche. Das Schloss wurde dafür zur fahnenverhängten Kulisse. Adolf Hitler soll jedoch das Schloss nie betreten haben.

März 1945. Das Schloss ist ausgebrannt.

Das Schloss beim Einmarsch der Sowjets Ende April 1945.

1945. Die Ruine des Berliner Schlosses.

Bis zur Blockade Berlins 1948 fanden im Nordwestflügel des Schlosses noch große Ausstellungen statt, hier die Eröffnung der Ausstellung zur 100. Wiederkehr der Revolution von 1848.

Die Wache habe „striktesten Befehl, jegliche Versuche, einen Angriff auf das Gebäude zu unternehmen, mit Waffengewalt zu vereiteln". Und dann soll Liebknecht die Sozialistische deutsche Republik von jenem Balkon ausgerufen haben, der später in das Staatsrats-Gebäude der DDR eingebaut wurde. In Wirklichkeit stand er bei der Proklamierung der Republik auf einem Lkw, der gegenüber dem Hauptportal des Schlosses geparkt war, und rief in die begeisterte Menge: „*Das Alte ist nicht mehr. Die Herrschaft der Hohenzollern, die in diesem Schloss Jahrhunderte gewohnt haben, ist vorüber. In dieser Stunde proklamieren wir die freie sozialistische Republik Deutschland.*"[2]

Das Kaiserreich war besiegt. Die Novemberrevolution von 1918 markierte das Ende des Schlosses als preußisches Machtzentrum und als Residenz der Monarchie. Aufständische Matrosen stürmten und besetzten es bis zum 24. Dezember, Plünderungen fanden statt. Der deutsche Kaiser musste abdanken. Doch die Weltgeschichte ging weiter.

Es folgte die Weimarer Republik, die Wirtschaft schlitterte weltweit in die Krise, die Nazis übernahmen die Macht, der Zweite Weltkrieg begann, Bomben fielen auf Berlin, das Schloss wurde verwundet, Deutschland besiegt und in zwei deutsche Staaten geteilt.

1944. Im Mai erhielt das Schloss erste schwere Bombentreffer im Lustgartenflügel.
Im Vordergrund die Balustrade des ausgebrannte Zeughauses.

Anfangs wurde das zerstörte Schloss sogar noch genutzt. Im Weißen Saal fanden zwischen August 1946 und März 1948 vier Ausstellungen statt, die auf große Resonanz stießen. Im Herbst 1948 kündigte die Ost-Berliner Volkspolizei den im Schloss untergebrachten Institutionen. Die Zuständigkeit ging mit Gründung der DDR an eine Abteilung des „Ministeriums für Aufbau" über. Zwei Jahre später wurde das Schloss gesprengt.

Als dann 1991 ein Mann aus Schleswig-Holstein den Mut aufbrachte, das Berliner Schloss wiederauferstehen zu lassen, war's, als hätte man die Schleusen des „Berliner Unwillens" erneut geöffnet. Der alte Schwemmsand, auf dem das Schloss einst errichtet wurde, geriet in Bewegung. Heftig! Aufbrausend! Grundsätzlich! Es kommt einem Wunder gleich, dass der Neubau des Schlosses in den Angriffswellen dieses Glaubenskampfes nicht unterging.

ERST WAR DAS SCHLOSS ...

... dann kam die Stadt, sie wuchs wie die Jahresringe eines Baumes um den Königssitz. Über Jahrhunderte etablierte sich eine Vielzahl von Handwerksbetrieben, die alles herstellten, was das Leben am Laufen hielt. Der Berliner Alltag war ein ameisengeschäftiges Treiben, das sich seine Wege und Aufgaben suchte. Möglichst nah an der Schlossmauer zu leben, davon versprach man sich Schutz und satte Aufträge. Alte Stiche zeigen, wie sich engbrüstige, meist nur zweigeschossige Handwerkerhäuser aneinanderdrängten.

Nach dem Ausbau des Schlosses im frühen 18. Jahrhundert wurde die Häuserreihe an seiner Westseite, die Schlossfreiheit, zunehmend Teil der bürgerlichen Stadt, hier gab es erlesene Ladengeschäfte, eine Tapetenfabrik, das Café Josty mit seiner berühmten Veranda hin zum Wasser. Immer wieder wurden die Häuser erweitert, umgebaut, saniert. Hier wohnte der Konditormeister neben der Offizierswitwe, der Handschuhmacher neben märkischen Adelsfamilien. Eine Mischung der Stände, für heutige Begriffe fast demokratisch. Das Gros des Adels lebte weitgehend auf dem Lande und unterhielt nur einige bescheidene Palais in der Stadt.

Die „Linden" boten einen noblen Kontrast. Die Flaniermeile reichte mit ihren repräsentativen Bauten vom Pariser Platz mit dem Brandenburger Tor bis hin zum Schloss.

Auf der berühmten „Lindenrolle" aus dem Jahr 1820, einer Bilderrolle, die in einem Guckkasten, einem der ersten Massenmedien der Welt, zu bestaunen war, wurde die gesamte Berliner Prachtstraße dargestellt.

(weiter auf Seite 48)

Das Berliner Schloss beherrschte die Mitte Berlins. „Das Schloss lag nicht in Berlin, Berlin war das Schloss!" (Wolf Jobst Siedler).

Um 1869. Frühe Fotografie des Schlosses vom Alten Museum aus

Um 1925. Luftaufnahme der Mitte Berlins.

Die Mitte Berlins wurde als architektonisches Gesamtkunstwerk bezeichnet. Der Gendarmenmarkt.

Wenn man den Zeichnungen des Straßenbildes glauben darf, so bestimmte ein buntes, harmonisches Leben voller Vielfalt die Szenerie. Da exerzierten fesche Königsgarden, die von feinen Kutschen überholt wurden, trippelten noble Damen mit Sonnenschirmchen über das Straßenpflaster, spielten Kinder mit Murmeln, und irgendwo dazwischen fiedelten Musikanten.

Diese wunderbare Harmonie, diese Offenheit und Toleranz hatte auch etwas mit dem „Edikt von Potsdam" zu tun, mit dem der Große Kurfürst 1685 „sein" Brandenburg den in Frankreich wegen ihres Glaubens verfolgten Protestanten öffnete. Der Flüchtlingsstrom der Hugenotten sorgte für eine geistige, kulturelle und wirtschaftliche Blüte Brandenburgs und Berlins.

In dem Edikt versprach Friedrich Wilhelm den Glaubensflüchtlingen eine neue, sichere Heimat, großzügige Privilegien, Steuerbefreiung für Wirtschaftsunternehmen und die Bezahlung der Pastoren durch das Fürstentum. Und der Große Kurfürst hielt sein Wort.

DIE BEDEUTUNG DES SCHLOSSES

Anders als in den Hauptstädten Frankreichs, Englands oder Italiens spielte das Berliner Schloss eine große Rolle im öffentlichen Bewusstsein der Stadt. Der königliche Bau war nicht nur um seiner selbst willen wichtig, er stand in Korrespondenz mit den anderen Gebäuden der Prachtstraße. Diese Zwiesprache galt selbst den Brücken, die einst die Museumsinsel und die Schlossfreiheit, die Spree und den Kupfergraben verbanden. Um diese Bedeutung zu begreifen, muss man sich klarmachen, dass das Schloss, zumindest sein

Das Brandenburg Tor wurde von König Friedrich Wilhelm II. als „Propylon zu seiner Burg" in Auftrag gegeben. So hat es große Ähnlichkeit mit den Propyläen auf der Akropolis im antiken Athen.

Berlin 1924. Das Berliner Schloss. Gravitationszentrum und Kristallisationspunkt der Stadt.

ältester Flügel, schon da war, als Brandenburg noch ein Kurfürstentum des Heiligen Römischen Reiches Deutscher Nation war. Seine heutige Gestalt bekam es ja erst, als sich Kurfürst Friedrich III. von Brandenburg in Königsberg selbst die Königskrone auf-setzte. Das Berliner Schloss hat das alles miterlebt! Es ist damit nicht nur fast so alt wie das Geschlecht, das in ihm residierte, es hat auch mindestens so viele Jahre „auf dem Buckel" wie das alte Brandenburg und Preußen.

DAS SCHLOSS LAG NICHT IN BERLIN – BERLIN WAR DAS SCHLOSS

Von Anfang an war das Schloss der beherrschende Bau Berlins. Das Maß aller Dinge. Die später errichteten Gebäude erreichten nie mehr diese Präsenz. Nicht ohne Grund sprach der Kulturhistoriker Wolf Jobst Siedler davon, dass das Schloss nicht in Berlin liege, sondern Berlin höchstpersönlich das Schloss sei.

Diesen Rang verlor es nie, obwohl in der preußischen Metropole viel gebaut wurde. Den besten Architekten des Landes und ihren Plänen verdanken wir den neobarocken Dom, die Museumsbauten der Schlossinsel, die Staatsoper, die Universität, das Schauspielhaus am Gendarmenmarkt, den deutschen und den französischen Dom, das Brandenburger Tor.

Auch die Bauten des Staates, die in unmittelbarer Nähe der Residenz entstanden, gehörten dazu: das Zeughaus, das Palais des Prinzen Heinrich, heute die Humboldt-Universität, die Königliche Bibliothek und schließlich die Hofoper neben der Hedwigskirche, die Friedrich der Große 1742 für den katholischen Adel der neugewonnenen Provinz Schlesiens bauen ließ.

Zusammen bildeten und bilden sie ein Architekturensemble von Weltrang, das von Kunsthistorikern aus aller Welt in den höchsten Tönen als „Gesamtkunstwerk"

Der Berliner Opernplatz vor dem 1. Weltkrieg mit der heutigen Humboldt-Universität.

gepriesen wird. Die Berliner machen nicht so viele Worte darum: Sie nennen ihre Stadt liebevoll „Spree-Athen".

All diese Schauspielhäuser, Opern und Museen stehen, anders als in London oder Paris, nur einen Steinwurf weit vom Schloss entfernt. Besonders zwei Bauten sind ohne das Schloss nicht denkbar: Das Alte Museum und das Brandenburger Tor.

Karl Friedrich Schinkel inspirierte beim Bau des Alten Museums die Stadt Athen, Sitz der ältesten Demokratie. Er machte mehrere Dutzend Zeichnungen, bevor er die Lage und den Winkel des Museums endgültig festlegte. Für ihn war es von großer Bedeutung, dass der Bau im rechten Verhältnis zum Schloss stand. Leicht in der Achse gedreht, hat man den Eindruck,

Berlin 1840. Der berühmte Blick von Schinkels Altem Museum über den Lustgarten zum Schloss. Das war Spree-Athen.

als suche das Museum Kontakt zum Schloss. Schinkel verstand sich als Architekt der preußischen Aufklärung, deren wichtigste Vertreter Kant, Stein und Hardenberg, Bülow und Scharnhorst, die Gebrüder Humboldt und Schleiermacher waren. Sie legten die

geistige Grundlage für unsere heutige Demokratie. Das Museum in der Gestalt der Agora Athens war der demokratische Kontrapunkt zur feudalen Barockfassade des Schlosses. Ein Gegenentwurf zum Absolutismus verherrlichenden Schloss. Und eine Verbeugung vor der ältesten Demokratie. Dieser architektonische Spannungsbogen wird mit dem neuen Schloss wieder sichtbar.

Das Brandenburger Tor wurde von Friedrich Wilhelm II. 1788 als „Propylon zu seinem Schloss" in Auftrag gegeben. In der Architektur bezeichnet ein Propylon „das Eingangstor zu den ummauerten Heiligtümern im antiken Griechenland". Der König gab seinem Architekten Carl Gotthard Langhans die Anweisung, ihm ein Tor, einen Stadtausgang mit mehreren Öffnungen, zu bauen. Es sollte so prachtvoll sein wie in der Antike. Nur noch um einiges wuchtiger. Und irgendwie berlinerisch.

Schließlich war hier auch alles größer als sonst irgendwo. Und sollte das einmal nicht der Fall sein, so stand und steht dem Berliner noch immer sein ihm von Gott gegebenes Talent zur großen Klappe zur Verfügung. Und diese große Klappe war natürlich in fürstlichen Kreisen, der Macht entsprechend, noch größer. Letzten Endes kam es darauf an, den Ruhm des Herrschers ins Rampenlicht zu stellen.

Carl Gotthard Langhans (1732–1808) wurde vom König für würdig befunden, eine Interpretation der Propyläen von Athen zu gestalten. Er sollte die preußische Monarchie glanzvoll mit der Antike verbinden. Das Tor war als ein Symbol des Friedens gedacht.

Den Sandstein ließ man von der Elbe herbeischaffen. Daraus wurden zwölf dorische Säulen gehauen,

Das Brandenburger Tor.

die zusammen fünf Durchgänge bildeten. Ursprünglich durften Bürger nur die äußeren zwei auf jeder Seite benutzen. Die mittlere, breitere Durchfahrt war bis 1918 nur für die Hohenzollern reserviert.

Nach der preußischen Niederlage 1806 ließ Napoleon das Brandenburger Tor symbolisch „enthaupten". Die Quadriga wurde als Kriegsbeute mit nach Paris genommen. Wagen und Friedensgöttin wurden abgenommen, in mehrere Teile zerlegt und in zwölf Kisten verpackt. Zerstückelt machte sich die Quadriga am 21. Dezember auf den Weg nach Paris. Nach dem Sturz Napoleons im Jahre 1814 wurde die Quadriga kleinlaut zurückgegeben. Der Weg der sechs Frachtwagen von Paris über Brüssel, Düsseldorf nach Hannover war ein einziger Siegeszug. In Berlin angekommen, gestaltete Karl Friedrich Schinkel den preußischen Triumphbogen neu. Der Siegesgöttin Victoria wurde mit dem preußischen Adler, dem Eisernen Kreuz und einem Kranz aus Eichenlaub gehuldigt.

HAUS OHNE KAISER

Durch die Novemberrevolution, die das Schloss nur leicht verletzt überstanden hatte, verlor es seinen einzigen Mieter. Wilhelm II., der letzte deutsche Kaiser, setzte sich 1918 in die Niederlande ab und verbrachte dort seinen Lebensabend. 1941 starb er auf Haus Doorn bei Utrecht. Mehr als 50 Güterwagen, vollgestopft mit Kunstobjekten, mit Porzellan, Möbel, Schmuck und Liebgewonnenem, ließ der Monarch 1926 nach Holland nachkommen. Ewiges Thema während des Exils blieb die mögliche Rückkehr nach Deutschland. Doch dazu kam es nicht mehr.

Das Schloss, das die Republik 1918 in ihren Schutz genommen hatte, stand in den ersten Monaten leer da. Kaiserlos. Doch schon bald meldeten sich Nachmieter.

1920 zog das Kunstgewerbemuseum, jetzt als „Schlossmuseum" firmierend, ins Haus und belegte nahezu sämtliche Prunkräume des Lustgarten-

Der Teesalon im Schloss von Karl Friedrich Schinkel.

flügels. Dann folgten unter anderem das Fürsorgeamt für Beamte, das Landesamt für Gewässerkunde, die Gemeinschaftsküche der österreichischen Freundeshilfe und die Kinderspeisung der Quäker. Die Schlossküche wurde zur Mensa des Studentenwerks.

Auch die Deutsche Forschungsgemeinschaft, der Deutsche Akademische Austauschdienst, die Kaiser–Wilhelm-Gesellschaft und die Alexander–von–Humboldt–Stiftung zogen ins Schloss. Einzig die Nationalsozialisten setzten keinen Fuß mehr in das Gebäude.

Erst 1943, als die schweren Bombenangriffe auf Berlin einsetzten, wurde das ehemals königliche Haus

Das Kunstgewerbemuseum zog in die einstigen Paradekammern Andreas Schlüters. Hier stehen eng gestellte, riesige Vitrinen im Rittersaal und zerstören seine großartige Wirkung.

geschlossen. Das bewegliche Inventar wurde weitestgehend ausgelagert. So existieren noch heute wichtige Kunstschätze aus dem Berliner Schloss in den Museen und Schlössern in Berlin und Potsdam.

DIE VERNICHTUNG

DAS EXPLOSIONSSZENARIO

Am 3. Februar 1945 wurde das Berliner Schloss von Spreng– und unzähligen Brandbomben schwer zerstört. Es brannte vier Tage lang. Es gab keine Löschversuche mehr, denn die Bomber kamen nun täglich.

Berlin 1950. Teilsprengung der Südfassade.

Wilhelm von Boddien legte sich darüber ein beklemmendes Archiv mit Augenzeugenberichten und Fotos an.

Die Vorbereitungen zur endgültigen Eliminierung des Schlosses begannen im September 1950. Drei Monate lang trieben Bauarbeiter mit Pressluftbohrern Löcher in die Wände, um immer neue Sprengladungen ins Herz der Ruine zu schieben. Für die Sprengung des Eosanderportals und der Kuppel ließ man sich etwas Besonderes einfallen: In einen tonnengewölbten Kellergang unter dem Portal stellte man zusätzlich zu den Wandbohrungen sieben große Ölfässer voll Dynamit. Dann mauerte man den Gang massiv an beiden Enden zu. Als das Portal mit der Kuppel am 30. Dezember 1950 als Schlussakt gesprengt wurde, gab es eine ungeheure Explosion. Der Kellergang zerplatzte wie der Mantel einer Granate, verursachte auf der anderen Spreekanalseite ein kleines Erdbeben, der Bau hob sich ungefähr 30 cm und sackte dann wie pulverisiert in sich zusammen. Was der Bombenkrieg nicht geschafft hatte, erledigten die Sprengarbeiter in Akkordarbeit.

Überreste des Kellergangs mit den Kratern, die von den Sprengladungen gerissen wurden, als das Eosanderportal gesprengt wurde.

Am Jahresende 1950 war vom Berliner Schloss so gut wie nichts mehr übrig.

Dutzende von Lkws fuhren unentwegt die Trümmerreste ins Umland. Auf zwei riesigen Deponien wurden sie von 1947 bis 1955 entsorgt.

DER ZUFALLSFUND

Ein Reporter der „Süddeutschen Zeitung" wollte beim Pflegehelfer Henning Lindner in Garching bei München ein Klavier abholen. Bei der Gelegenheit bot man ihm völlig unerwartet hochbrisantes Recherchematerial an. In einer orange gebundenen Kladde lagen 34 durchgepauste Seiten mit dem Titel: Gutachten über den Wiederaufbau des Berliner Schlosses.

Das Material stammte vom Architekturbüro Thron & Partner, das noch im August 1950 von der Regierung der Deutschen Demokratischen Republik beauftragt worden war, einen Kostenvoranschlag zum Wiederaufbau der Schlossruine zu erstellen. Danach sollte der Wiederaufbau einschließlich der Innenräume geschätzte 32 Millionen Mark der DDR kosten.

Der erste Teil des Gutachtens von Thron & Partner bestand aus acht Seiten akkurater Grundriss-Zeichnungen. Dann folgten Darstellungen der verschiedenen historischen Bauabschnitte, Raumübersichten des ersten und zweiten Stockwerks, ein Schnitt durch die Fassade und Ansichten der Fensterachsen.

Nach den Aufriss-Zeichnungen zeigten Fotografien aus Kunstbänden der Zwanzigerjahre das Schloss in all seiner Pracht, den Schlüterhof, die Schlütertreppe, verschiedene Raumfluchten …

Auszug aus dem Schlossgutachten von 1950.

Als man Wilhelm von Boddien über den Fund informierte, stellte sich heraus, dass er dieses Gutachten von 1950 längst kannte, es war eine Zweitschrift des Originals, das ihm schon einige Jahre zuvor zugespielt worden war.

FÜR NUR 32 MILLIONEN OSTMARK

Im zweiten Teil der Schlossruinen-Inventur – fein säuberlich auf dünnem blauem Durchschlagpapier – berechnete der Architekt die zu erwartenden Kosten.

Zum Beispiel Blatt 28: 102 qm Stuckdecken auf dem Gewölbe der Räume im Erdgeschoss: qm 150.- x 102 = 15.300.- Blatt 29: 306 qm horizontale Stuckdecken in den 3 Obergeschossen herstellen: qm 140.- x 306 = 42.840.-"

Unter dem Strich, so das Resümee des Architekten, würde der Wiederaufbau 31.222.820 Mark der DDR kosten.

Zugegeben, das war zu damaliger Zeit eine gewaltige Summe, schließlich verdiente ein Facharbeiter in Ostberlin monatlich nicht mehr als 120 Ostmark. Projiziert man diese lächerlichen 120 Ostmark auf den Lohn eines heutigen Facharbeiters, so ist man bei einem dreistelligen Millionenbetrag für den Wiederaufbau.

Ulbricht und seine Genossen aber wollten unbedingt dem Schloss ein krachendes Ende setzen. Sie gaben lieber acht Millionen für die Errichtung eines Aufmarschplatzes mit Steintribünen aus als 32 Millionen für die Wiederherstellung des Schlosses.

Die acht Millionen wurden innerhalb eines halben Jahres aufgebracht. Ganz so wie in Moskau wollte man es haben, wo der Rote Platz vor dem Kreml seit der Oktoberrevolution ein Aufmarschgelände für Kundgebungen war. Genau solch eine riesige Fläche sollte im Herzen Berlins für die Machtdemonstrationen der Arbeiterklasse entstehen. Für das Geld hätte man die Ruine mit Dach und Fenstern versehen, die schlimmsten Beschuss–Schäden schließen und dann in Ruhe über die Jahre den Wiederaufbau angehen können, wie im Westberliner Schloss Charlottenburg.

Das Gutachten mit der Kostenschätzung blieb bis zur Wiedervereinigung streng geheime Verschlusssache der DDR.

DIE WELT LIEF STURM

Für Ulbricht war das kein Grund, sich die „Sache" noch einmal zu überlegen. Er wollte sich durchsetzen. Für ihn war die Schleifung des Schlosses ein Zeichen seiner Stärke.

Wilhelm Girnus, Kulturredakteur des „Neuen Deutschlands", der spätere Staatssekretär für Fach- und Hochschulwesen der DDR, erklärte 1951 die Situation so: *„Wir hatten die Wahl – Schloss oder Dom. Hätten wir den Dom abgerissen, dann hätte der Westen für einige Jahre Wasser auf der Mühle gehabt und von ‚Kirchenstürmerei' gesprochen. Dann lieber das Schloss. Mit den Kunsthistorikern werden wir schon fertig!"*[3]

Nicht nur in den Medien der westlichen Stadtteile, auch im sowjetischen Sektor erhob sich Protest gegen den Abriss. Kunsthistoriker aller Welt protestierten. Sogar im Zentralkomitee der SED, der Sozialistischen Einheitspartei Deutschlands, regte sich Widerspruch.

Seite 8 / Nummer 211   9. 9. 50

BERLINER KURIER

Lach nicht, Mona Lisa!

Die niederbrechenden Mauern des Berliner Schlosses haben doch mehr Staub bei den Werktätigen aufgewirbelt, als die Zerstörer annahmen. So haben, wie ADN berichtet, „Kulturhistoriker und Freunde des alten Berlin über den Abriß diskutiert. Architekt Hennig erklärte, eine spätere Generation würde ein Stehenlassen der Schloßruine als eine nicht ausgenutzte Gelegenheit verurteilen, das Stadtbild Berlins großzügiger zu gestalten. Der Stadtrat für Aufbau im Demokratischen Magistrat, Munter, sagte, der Abriß des Schlosses und die geplante Neugestaltung des Lustgartens stellten eine berechtigte Forderung der Werktätigen dar, die einen Platz brauchten, um ihrem politischen Willen Ausdruck zu geben."

Zweifellos wird eine spätere Generation feststellen, daß hier ein Platz geschaffen wurde, der die Unterdrückung des politischen Willens der Werktätigen symbolisiert. Aber es kommt noch besser. ADN berichtet weiter:

„Die architektonischen Schönheiten des Stadtschlosses wie das Eosanderportal und der Schlüterhof werden an anderer Stelle wiederaufgebaut. In Fachkreisen wird vorgeschlagen, das Eosanderportal als Parkeingang für das wiederhergestellte Schloß Monbijou zu verwenden."

Es ist erstaunlich, welche Möglichkeiten der kulturelle Fortschritt eröffnet. Man wird künftig von allen im Kriege oder nach dem Kriege zerstörten Bauwerken die erhaltenen Teile zusammentragen und die Baumeister vergangener Zeiten gleichsam in einer Aktivistengemeinschaft vereinigen. Man nehme ein wenig Schlüter, gebe dazu ein Stückchen Eosander, und würze mit einem Schuß Schinkel oder Rauch und schmecke mit Langhans ab. So würde doch an einem zu bestimmenden Platze ein Monument entstehen, das von der Kultur der fortschrittlichen Gebiete Zeugnis ablegt. Vielleicht könnte man die Glocken der gesprengten Georgenkirche am Alexanderplatz darüberhängen. Zu läuten brauchte man sie ja nicht, damit die Werktätigen nicht aufwachen. Geschmack ist bekanntlich nicht streiten. Warum soll man nicht Leonardos „Mona Lisa" Rembrandts Goldhelm aufsetzen? Das Lächeln würde ihr dann wenigstens vergehen, der eingebildeten Person.

Uwe

Bissiger Kommentar: Die DDR wollte Teile des gesprengten Schlosses im Monbijoupark in geänderter Form wieder aufbauen.

Auf einer dieser Versammlungen ergriff Kurt Liebknecht, Architekt und Stadtplaner, ein Neffe von Karl Liebknecht und selbst ein alter Kommunist, das Wort: „Genossen, ich höre immer, dass die Zwingburg der Junker abgerissen werden müsse. Aber ich habe noch nie einen Junker mit einer Maurerkelle oder einem Hobel gesehen. Genossen, ihr wollt das Werk der deutschen Arbeiter zerstören. Das ist unser Schloss, nicht das Schloss der Hohenzollern."[4]

Russische Kulturoffiziere der Besatzungsmacht zeigten öffentlich ihr Unverständnis. Erklärten, warum die Sowjets dem Kreml zu neuem Glanz verhalfen, dass mit der Sprengung des Schlosses die großartige Kulturleistung einer ganzen Generation sich buchstäblich in Staub verwandeln würde.

Die Könige waren doch nur die Auftraggeber: Keiner von ihnen war Architekt, Maurer, Dachdecker, Kunsthandwerker oder Bildhauer, also Mann des Volkes.

Der König wäre auch ein mittelloser Mann, wenn er keine Steuern seiner Untertanen einnehmen würde. Und wurden nicht, um diese Bauten zu finanzieren, dem kleinen Mann viele Steuern abgetrotzt!?

„Eure Vorfahren haben das Schloss doch mit ihren Steuern bezahlt, es gehört also dem Volk. Und nun sprengt ihr euer Volkseigentum in die Luft", gipfelte der Protest der sowjetischen Offiziere.

Wie groß die Bestürzung in Fachkreisen war, zeigte sich in dem schlichten Satz der Kulturhistorikerin

Margarete Kühn, der Retterin des Schlosses Charlottenburg „*Mit der Sprengung des Schlosses bricht das ganze alte Berlin zusammen.*"

Walter Stengel (1882–1960), Direktor des Märkischen Museums, sagte: „*Was hier geschieht, ist kaltblütiger Mord. Man wird der Stadt einen neuen Namen geben müssen!*"

Otto Grotewohl, Ministerpräsident der DDR, meinte achselzuckend: „*Jetzt schreien alle, und wenn das Schloss weg ist, kräht kein Hahn mehr danach.*" [5]

Würde er heute einen Blick aus dem Wolkenkuckucksloch auf die Mitte Berlins werfen, er wäre sicherlich sehr erstaunt. Denn da hatte es doch tatsächlich einen Hahn gegeben, der kräftig krähte: Wilhelm von Boddien.

Er krähte so lange, bis das Schloss exakt an gleicher Stelle und im Originalmaß wieder auferstanden war.

SKULPTUREN AUF SCHUTTHALDEN

Obwohl 1950 der Abbruch des Schlosses längst besiegelt war und nur noch Feuer an die Lunten gelegt werden musste, schien sich doch plötzlich ein zartes Pflänzchen Verantwortung in den Reihen des Zentralkomitees zu regen.

Wie um dieses „Gewissens-Grummeln" zu beschwichtigen, zauberte man über Nacht ein „Wissenschaftliches Aktiv" aus dem Ärmel, und berief den Berliner Denkmalpfleger Prof. Gerhard Strauß zum Oberhaupt dieser „Angelegenheit".

Er sollte eiligst Kunstsachverständige um sich scharen, um die wertvollsten Teile des Schlosses zu identifizieren und vor der Sprengung ausbauen zu lassen. Damit stand der Professor für Kunstgeschichte an der Humboldt-Universität auf ganz dünnem Eis. Jeder wusste, dass in der Uni der harte Kern der Abbruchgegner saß. Keiner von denen wollte sich zur „Torso-Sicherung" abkommandieren lassen.

Am Ende löste man das Problem per Partei-Order und beauftragte Studenten aus Weimar und Greifswald mit der „Sache". Die konnten sich nicht wehren, ihnen wurde mit der Exmatrikulation gedroht.

Der Arbeit dieser Studenten verdanken wir einige der schönsten Spolien des Schlosses. Spolien sind Überreste der Fassaden und Skulpturen aus verlorenen Gebäuden. So beispielsweise das Portal IV der Lustgartenfront, das 1963 als Liebknechtportal ins Staatsratsgebäude eingebaut wurde. Die fleißigen Helfer des Professor Strauß hatten dafür gesorgt, dass alle wichtigen Architekturteile zumindest fotografisch erfasst waren. Allerdings musste man sich beeilen, da die Sprengungen bereits begonnen hatten. Nicht mehr als acht Stunden durften die Studenten täglich an den Dokumentationen arbeiten, während die Spreng- und Räumkommandos rund um die Uhr ihr unseliges

Die Sprengung des Schlüterhofs im November 1950. Im Schloss soll seit Jahrhunderten das Gespenst der Weißen Frau gegeistert haben. Sieht man im Kreis der herabfallenden Steine zum letzten Mal ihr Gesicht im Profil?

Werk verrichteten. Dennoch war die Dokumentation besonders wertvoll für den Wiederaufbau. Vieles wurde erst durch die detaillierten Fotos sichtbar, die im Messbild-Archiv in der Gormannstraße entdeckt wurden. Sie lagerten dort hinter einer Eisentür hoch oben im Dach.

Das Wissenschaftliche Aktiv bemühte sich in einem Wettlauf mit der Zeit, in wenigen Wochen eine Schlossdokumentation zu erstellen. Es arbeitete nur in einer 8-Stunden-Schicht, während die Sprengarbeiten in drei Schichten rund um die Uhr angesetzt waren. Mitte Oktober 1950 wurden seine Arbeiten abgebrochen, zu viel an Bausubstanz war schon verloren.

Auch hier war Wilhelm von Boddien einer der ersten, der sie sehen durfte. Die zuständige Ostberliner Denkmalpflegerin Waltraud Volk machte ihm die Kostbarkeiten nach der Wiedervereinigung zugänglich. Zwar wurden fast alle der geborgenen Spolien in den Jahren zwischen 1950 und 1963 mutwillig vernichtet, wie Waltraud Volk in vielen Briefen an das zuständige Denkmalamt klagend bemerkte. Niemand interessierte sich noch für das fast vergessene Schloss.

Nur wenige Kunstwerke, wie die Hermenpilaster aus dem Sprengschutt von Portal V, wurden an Berliner Museen übergeben. Hermen sind menschliche Wesen, die statt eines Unterleibs einen sich verjüngenden Pfeiler haben und als kräftige Balkonträger eingesetzt werden. Aus dem Schlüterhof wurden fast alle großen Plastiken der Götter und Halbgötter der griechischen Mythologie geborgen. Ebenso einige Widderköpfe und Adlerfragmente des Mezzanins. Alles zusammen aber war weniger als ein Prozent der Fassaden des einstigen Riesenbaus.

Die „unwerten" Teile, Berge von gesprengtem Gestein, das oft die Tragfähigkeit der LKWs und der Loren-Bahnen überstieg, zertrümmerte man auf „Schubkarrenformat". Verlud die Brocken auf Schiffskähne und schipperte sie auf die Großdeponie vom Tierpark in Friedrichsfelde bis hin zum Staatsforst, den man über den Müggelsee erreichen konnte.

EIN BISSCHEN PRUNK DARF SEIN

Kaum war das Schloss gesprengt, merkte man voller Schrecken, das man nun kein Gebäude mehr hatte, um die Arbeiter- und Bauernmacht gebührend repräsentieren zu können. Es fehlte ein charaktervoller Bau, der es mit dem Glanz des ehemals wichtigsten Barockschlosses nördlich der Alpen hätte aufnehmen können.

Kurzerhand beauftragte man ein Architektenkollektiv unter Führung von Roland Korn (Jahrgang 1930) damit, dem Staat ein repräsentatives Staatsratsgebäude (1962–1964) zu bauen. Ausrufezeichen dieses Gebäudes sollte das wie eine sozialistische Reliquie in die Fassade eingefügte Portal IV des gesprengten Berliner Schlosses werden, von dessen Balkon am 9. September 1918 Karl Liebknecht die freie sozialistische Republik ausgerufen haben soll. Vielleicht war es ja doch der heimliche Wunsch nach Schönheit und Würde, der zu diesem Auftrag führte.

Leider missglückte diese Bergungsaktion. Das von Schlüter 1703 gestaltete Portal Numero V krachte mit großer Wucht auf den speziell dafür aufgeschütteten Schuttberg und zerbarst in tausend Stücke. Aber das Unglück ließ sich kaschieren. Schnell griff man auf das weniger versehrte Zwillingsportal IV zurück. Die zwei Genien, die dem König in Form des Preußenadlers huldigten, brachte man in Sicherheit. Das Portal wurde später wegen seiner Beschussschäden vollständig kopiert und 1963 als „Liebknecht-Portal" ins Staatsratsgebäude eingebaut.

Selbst Honecker war später nicht frei von der Freude am Prunk. Es gibt Notizen, nach denen der damalige Generalsekretär der SED 1988 den Wiederaufbau der Hohenzollernresidenz erwog. Wie der einstige Vizechef der Abteilung Agitation im Zentralkomitee, Eberhard Fensch, in seinen Memoiren schrieb,

soll sich Honecker in einem kleinen Kreis von Politbüro-Mitgliedern dafür ausgesprochen haben.

Honecker sei damals gerade von Staatsbesuchen in Paris und Madrid zurückgekehrt, wo man ihn mit großem Zeremoniell in prächtigen Palästen empfangen hatte. *„Hätte Walter Ulbricht das Schloss nicht abreißen lassen"*, soll Honecker bedauernd festgestellt haben, *„dann könnte die DDR in der einstigen Hohenzollernresidenz genauso glanzvoll repräsentieren."* [6]

Diesem Gedanken konnte der SED-Generalsekretär allerdings nicht lange nachhängen. Bevor ihm die Umsetzung eingehender durch den Kopf ging, fegte ihn 1989 der politische Umschwung aus dem Amt.

Dass heute im ehemaligen Staatsratsgebäude eine Wirtschafts-Elite-Universität ihren Sitz hat, in der, statt den Sozialismus zu feiern nun Marktwirtschaft gelehrt wird, ist eine Ironie der Geschichte.

DER TRAUM, DER FORMEN ANNIMMT

DER HARTE KERN DER „SCHLOSS-BEFÜRWORTER"

Wilhelm von Boddien erinnert sich, dass der Mauerfall samt Eintritt der DDR in die Bundesrepublik die Weichenstellung in seinem Leben war. Der Wunsch, das Schloss neu zu erbauen, löste sich aus der Fiktion, wurde plötzlich real.

„Obwohl es noch keinen Plan gab, begannen wir schon mit der Arbeit."

Der harte Kern der „Schlossbefürworter" ließ sich durch Gegenargumente weder spalten noch aufhalten. Obwohl ihre Begeisterung zum großen Teil auf taube Ohren traf, trieb sie „das Schloss" bei Wind und Wetter auf die zugige Brache.

Aber nur wenige freundliche Passanten nahmen die Flugblätter, die sie geduldig verteilten, entgegen und gingen ihrer Wege. Die anberaumten Journalistentermine schienen nur sie selbst ernst zu nehmen. Von den meisten Reportern wurden die Schlossfreunde als Fantasten abgetan.

1992 luden die Bundesregierung und das Land Berlin zum internationalen „Spreeinselwettbewerb" ein. Der als Masterplan für die künftige Bebauung der Spreeinsel entscheidende Wettbewerb sollte im Mai 1994 entschieden werden. Die Aufgabe lautete: Was wird abgerissen, was bleibt stehen? Wie verlaufen in Zukunft die Straßen, und wo entstehen neue Plätze? Tausend Architekten und Stadtplaner aus vielen Ländern beteiligten sich daran. Vom Schloss war da noch keine Rede. 42 Jahre nach seiner Sprengung war es fast völlig vergessen.

„Wir mussten handeln und planten deshalb den Bau einer Schlosssimulation, um in den Wettbewerb einzugreifen. Der sollte nämlich nach seiner Entscheidung 1994 Gesetzescharakter erhalten. Ohne die Simulation wäre damit jede Chance für den Wiederaufbau des Schlosses für immer vertan. Den Augenblick habe ich noch klar vor Augen."

„Als wir 1992 zu dem Schluss kamen, die Simulation in Auftrag zu geben, war uns klar, dass wir schon dafür Spenden in großem Rahmen brauchen würden. Hierzu

Wolf Jobst Siedler.

Joachim C. Fest.

Otto v. Simson.

Eberhard Diepgen.

gründeten wir 1992 den Förderverein für die Ausstellung: ‚Die Bedeutung des Berliner Stadtschlosses für die Mitte Berlins e. V.' Später bekam er den Kurznamen Förderverein Berliner Schloss.

Das Vorhaben sollte ausschließlich mit privaten Geldern auf Spenden- und Sponsoring-Basis finanziert werden. Das war der Startschuss. Und wenn Sie so wollen auch unser Testballon. Dafür wollten wir keine Gelder vom Staat."

WER BRAUCHT SCHON EIN PREUSSENSCHLOSS?

Wilhelm von Boddien erzählt: „Ich erinnere mich an meine erste große Pressekonferenz mit dem Regierenden Bürgermeister Eberhard Diepgen im Roten Rathaus. Fast fünfzig Journalisten und mehrere Kamerateams wurden gezählt. Ich hatte eine stolze Anzahl von Mikrofonen vor der Nase, und kam mir unglaublich bedeutend vor, wie ‚Graf Koks von der Gasanstalt'. Diese Chance verdankte ich dem hoch angesehenen Kunsthistoriker und ersten deutschen UNESCO Botschafter, Prof. Dr. Otto von Simson, Präsident der Freunde der Preußischen Schlösser und Gärten.

Stellen Sie sich vor, ich als Landmaschinenhändler aus Schleswig-Holstein hätte beim Regierenden Bürgermeister Berlins vorgesprochen und um ein Gespräch zum Wiederaufbau des Berliner Schlosses gebeten. Da wäre ich normalerweise schon am Referenten für die Terminvergabe gescheitert. Wir brauchten den offiziösen Anstrich. Ich war aufgeregt. Über Otto von Simson

Es kam ins Guinessbuch der Weltrekorde: Das Raumgerüst von Thyssen für die Schloss-Simulation.

erreichten wir sogar, dass wir diese Pressekonferenz im Roten Rathaus im Beisein von Diepgen geben konnten."

Die Ankündigung auf der Pressekonferenz, die Simulation zu wagen und damit in den bereits laufenden Wettbewerb einzugreifen, war für Wilhelm von Boddien ein harter Schnitt. Wenn er jetzt A sagt, wird er für das ganze Alphabet geradestehen müssen. Und zwar sein Leben lang.

EINFLUSSREICHE PARTNER

Durch die „Freunde der Preußischen Schlösser und Gärten", einen Kreis namhafter Herrschaften mit Einfluss und Reichweite in Berlin, lernte Wilhelm von Boddien wichtige Persönlichkeiten kennen. Unter anderem Wolf Jobst Siedler, Otto von Simson und Joachim C. Fest.

Siedler und Fest schrieben berühmt gewordene Essays über die Mitte Berlins, die in der Forderung nach einem Wiederaufbau des Berliner Schlosses gipfelten.

Zuvor wurden solche Sätze nicht einmal hinter vorgehaltener Hand ausgesprochen. Auch endlich sein großes Wissen zur Verfügung stellen zu können, faszinierte von Boddien. Er griff zum Telefon und fragte an, ob es schon eine Organisation für den Wiederaufbau des Schlosses gäbe. Nein, es gab sie nicht.

Dem damaligen Landmaschinenhändler war klar, dass er ein solches Projekt niemals allein würde durchsetzen können. Aber sein Arbeitseifer, gepaart mit der Prominenz seiner Partner, müsste doch zu einem erfreulichen Synergieeffekt führen. Er versprach ihnen wenig Arbeit. Sie sollten ihm „nur" die Türen öffnen. Beziehungen herstellen.

Die Schloss-Simulation 1993 und 1994 brachte das vergessene Schloss zurück in das Stadtgedächtnis.

Ihr Bau führte zum Umdenken und setzte schließlich den Wiederaufbau des Berliner Schlosses durch.

Blick vom Zeughaus auf das Schloss 1938.

Blick vom Zeughaus auf den Palast der Republik 1995.

DER DURCHBRUCH

WER NICHT HÖREN WILL, MUSS SEHEN

Es gibt für das Zustandekommen der Schlosssimulation ein weiteres Erlebnis, das haften geblieben ist. Wenn Wilhelm von Boddien die Story mit der Simulation erzählt, klingt noch heute diebische Freude durch.

„Als der bundesweit bekannte Kunsthändler Bernd Schultz, Villa Grisebach, Berlin, der immer voller Ideen war, zu unserem Förderkreis stieß, kam neuer Wind auf. ‚Wer nicht hören will, muss sehen‘, reagierte er auf das hohe Desinteresse. ‚Wir bauen das Schloss einfach wieder auf!‘

Ich schüttelte den Kopf und fragte: ‚Und woher kommen die paar hundert Millionen? Die Baugenehmigung? Wohin mit dem Palast der Republik?‘ – ‚Nein‘, sagte Bernd, ‚wir bauen eine Simulation!‘ – Er meinte damit nicht weniger als die 1:1-Nord- und Westfassade des Schlosses, auf die der Blick jedes Passanten fällt.“

Die ursprüngliche Idee kam von Goerd Peschken und Frank Augustin. 1990 hatten die beiden vor, mit Glaswänden, bemalten Barockfassaden und Spiege-lungen die Nachbildung des Schlosses zu simulieren. Sie verstanden ihre Idee eher als eine künstlerische Intervention, mit der sie für eine Verbindung von Palast der Republik und Schloss werben wollten.

„Ich hingegen ließ später das Schloss fotorealistisch, dreidimensional auf eine große Fassadentapete malen, in bester tromp l'oeil –Manier.“

Er lachte und kam auf die Pressekonferenz zurück: *„Die Presseleute sind aus Kalkül immer freundlich. Damit man anfängt zu plappern. Das habe ich in dreißig Jahren Pressearbeit gelernt. Ich bin zwar redselig, wie Sie merken, aber plappern darf man dann auch nicht zu viel. So, und dann sagte einer der Journalisten: ‚Also hören Sie mal, Herr von Boddien, wie kommen Sie auf die Wahnsinnsidee, dieses preußischste aller Preußenschlösser, von dem das Unglück Europas ausging, wieder aufzubauen? Den Ersten Weltkrieg hat Kaiser Wilhelm vom Schlossbalkon herab erklärt. Ohne den verlorenen Krieg aber wären Hitler und Stalin nicht möglich gewesen! Was sagt das Ausland zu dieser verrückten Idee? Das ist doch geradezu frivol, wenn wir das wollten.‘*

Palast der Republik vom Alten Museum aus gesehen.

Schlosssimulation auf dem Marx-Engels-Platz.

Da kamen für mich zum ersten Mal die deutschen Gutmenschen zum Vorschein, die es allen immer recht machen wollen – diese Frage kam unvorbereitet und so konnte ich darauf nicht antworten. Dachte einfach, sei vorsichtig, da musst du nochmal darüber nachdenken!"

VOM SCHWÄRMER ZUM PROFI

Schließlich wurde ihm klar: Wenn er keinen Erfolg haben würde, drohte ihm, mit Schimpf und Schande durch die Stadt gejagt zu werden. „Der elende Spinner", würden sie sagen, „der Disneyländer" oder sonst was. Auf einmal war er der graue Wolf, der mit dem Rücken zur Wand stand und nur noch nach vorne marschieren durfte.

„*Ich musste ab sofort mit größter Vorsicht und Voraussicht meine Arbeit machen. Um sich an so ein Projekt zu wagen, braucht es auch eine intakte Familie. Sie ahnen gar nicht, wie breit manchmal die Schultern von Ehefrauen sein müssen, wenn man so richtig verzweifelt ist und Trost sucht.*"

Wilhelm von Boddien schwieg einen Moment, nachdenklich, dann murmelte er halblaut: „*So wurde ich vom Schwärmer zum Profi. Diese Basis braucht man. Allein habe ich auch keine richtige Kontrolle. Ich verliere mich leicht und werde zu langatmig. Sie wiederum, sie denkt anders als ich. Meine Frau ist im Grunde mein Counterpart.*"

Mir war, als verhörte ich mich. Welcher „Erfolgsträger" gibt schon preis, was er der Stärke und Weisheit seiner Frau verdankt? Dass ich in dieser Sekunde vergaß, meinen Mund zu schließen, bemerkte er genüsslich.

Er lehnte sich zurück und legte noch ein „Verblüffungs-Sätzchen" nach.

„*Ich verrate Ihnen jetzt ein Geheimnis. Eine der wichtigsten Voraussetzung für ein solches Projekt ist, dass Sie nie aufhören dürfen zu träumen. Sie brauchen die Naivität und die Neugier eines Dreijährigen. Zusätzlich müssen Sie eine dicke Nebelwand im Kopf haben, die Ihre Sicht behindert, weil Sie sonst vor der Größe der Aufgabe Angst bekommen. Dann marschieren Sie wie eine Eins. Das ist das ganze Geheimnis. Mehr nicht.*"

DER RITT AUF DEM STECKENPFERD

Die Rückfahrt nach Hamburg von der Pressekonferenz mit Eberhard Diepgen im Sommer 1992 war für Wilhelm von Boddien wie eine Zäsur. „*Auf halber Strecke, auf der A24 bei Wittstock/Dosse, durchzuckte es mich wie ein Schmerz, als hätte mir jemand ein Messer in den Rücken gerammt. Schlagartig begriff ich: Das Spiel mit dem Schloss ist aus, es wird ernst. Jetzt gibt es kein Zurück mehr. Oder ich lande eine totale Blamage.*"

30 Jahre lang, von 1961 bis 1991, hatte er „nur" geforscht, spielerisch Informationen und Fakten gesammelt, archiviert und sich mit der Zeit zum Schloss-Experten entwickelt. *„Das Archiv im Schloss Charlottenburg war die Fundgrube für mich"*, sagt er.

Dort arbeiteten Kunsthistoriker im Auftrag der Deutschen Forschungsgemeinschaft an einer Dokumentation über das nicht mehr existente Berliner Schloss. Sie sollten für die Nachwelt den Glanz und die Bedeutung des Schlosses zu Papier bringen.

Von dieser Gruppe, der „Schlomo", der Schloss-monographie, wollte kaum einer etwas wissen. In der Öffentlichkeit standen damals andere Dinge. *„Nur ich war neugierig"*, sagt Wilhelm von Boddien.

Verständlich, dass sich die drei „Schloss-Eremiten" über einen Bewunderer freuten. Da war die energische Margarete Kühn, Direktorin der Berliner Schlösserverwaltung, Liselotte Wiesinger, die das Innere des Schlosses erforschte und der Architekturhistoriker Goerd Peschken, der später als Architekt zum Professor an die Hochschule für bildende Künste in Hamburg berufen wurde. – Die drei litten darunter, dass sich niemand so richtig für ihre Arbeit interessierte.

„Ich weiß noch, wie begeistert sie waren, als sie merkten, dass sie in mir einen Fan hatten. Sie haben mich wie eine französische Stopfgans mit Schlossinformationen gemästet", erzählt Wilhelm von Boddien und lacht. *„Immer wieder eröffneten sich mir neue Möglichkeiten,*

taten sich interessante Quellen auf. Lieselotte Wiesinger, die große Kunsthistorikerin, war wie eine Übermutter für mich, hat mich ständig unter ihre Fittiche genommen und zu Leuten geschleppt, die ich sonst nie kennengelernt hätte. Über sie lernte ich zum Beispiel die Denkmalpflegerin Waltraud Volk aus Ostberlin kennen, die sich die ganzen 28 Jahre in der DDR, nein, 40 Jahre, penibel um die Überreste des Schlosses kümmerte. Sie war traurig, dass es immer weniger wurde, weil die DDR die Sachen vernichtete, mit Baggern wegräumte. Und sie fand es natürlich auch toll, dass sie mal jemandem ihre Arbeiten zeigen konnte. Sie hat mir ihr Wissen und einen Teil ihrer Akten übergeben."

Aber auch einen sehr frustrierten Ostberliner lernte Wilhelm von Boddien kennen. *„Bernd Maether liebte das Schloss so sehr, dass er ein Buch darüber verfasst hatte: ‚Die Vernichtung des Berliner Schlosses'. Leider steckte der Text voller Hass. Man konnte daran fast ersticken. Ich habe zu ihm gesagt: ‚Der Hass muss raus. Es genügt, wenn Sie trocken und sachlich diese Barbarei schildern, damit jeder, der eine Seele im Leibe hat, erschüttert ist. Wenn aber Hass aus jeder Zeile spricht, werden Sie nicht ernst genommen. Hass ist nicht objektiv! Und auch nicht produktiv. Wer immer nur kämpft, verliert an Sympathie. Wer lächelt, der gewinnt.'*

In diesem Sinne habe ich sein Manuskript redigiert. Und ein wenig dazu beigetragen, dass das Buch ein Erfolg wurde."

DIE SCHLOSSFORSCHER DER ERSTEN STUNDE

Prof. Dr. Goerd Peschken gilt als der bedeutendste zeitgenössische Kenner von Karl Friedrich Schinkel und Andreas Schlüter. Mit seinen Forschungen zum Berliner Schloss hat er sich einen Namen gemacht. Seine drei Bände über die Baugeschichte sind heute Standardliteratur. Sein herausragendstes Werk ist die Rekonstruktion und Vollendung von Schinkels nie zustande gekommenem Architektonischem Lehrbuch.

Im Herbst 2019 hatte ich die Freude, ein Gespräch mit ihm führen zu dürfen. Die übergroßen Herbstzeitlosen in seinem Vorgarten und die um sein lauschiges, kleines Haus in Charlottenburg wuchernde Pflanzenpracht habe ich noch vor Augen. Dass er im Vorzimmer nach der Begrüßung vor meinen Augen aus seinen Hausschuhen schlüpfte und – extra für mich – ein eleganteres Modell wählte, berührte mich.

Das konnte ich nicht kommentieren, aber mein Eröffnungssatz *„Wilhelm von Boddien sieht Sie als seinen Lehrmeister, er riet mir, Sie um ein Gespräch zu bitten"* war ebenfalls als ein Kompliment gedacht.

Seine Antwort war ein feines Schmunzeln, das er mit hochgezogenen Augenbrauen unterstrich.

Meine erste Frage hörte er schlecht. Als ich ihm offenbarte, dass ich vor lauter Ehrfurcht so leise

Fundsache: Goerd Peschken begutachtet ein in Berlin-Heinersdorf ausgegrabenes Kapitellfragment des Schlosses.

spräche, löste er das Problem auf charmante Art: *„Dann schalte ich eben meinen Hörapparat lauter"*, sagte er und drehte lachend am Knöpfchen hinter seinem rechten Ohr.

Auf seine ambitionierte Architekturforschung schaut er heute mit Abstand und Altersgelassenheit.

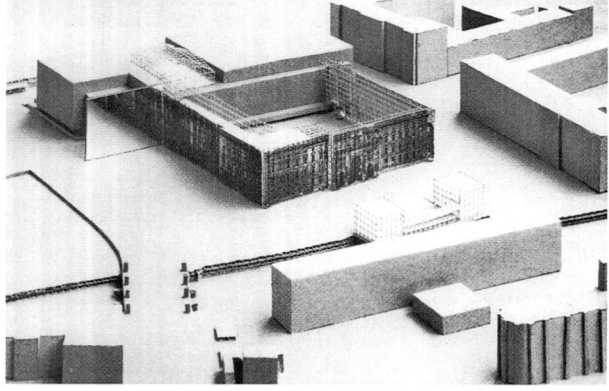

Das Schlossprojekt von Goerd Peschken und Frank Augustin zur Restitution von Stadtraum und Schloss.

Fast beiläufig, als sei es nicht der Rede wert, meinte er: *„Ich habe etwa 20 Kilo hochglanzgedruckte Bücher über das Berliner Schloss verfasst."* Es klang, als würde er über Kaminholz sprechen.

Auch meine etwas verschlüsselte Frage, ob man sein Lebenswerk gut honoriert hätte, quittierte er mit einem Schmunzeln. *„Bezahlt hat man mich zwar, allerdings nur die ersten zwei Jahre als Stipendiat der deutschen Forschungsgesellschaft."*

Margarete Kühn, wegen ihrer feuerroten Haare „rote Grete" genannt, hatte „Sachbeihilfe" für ihn beantragt, um ein Archiv über das Berliner Schloss aufzubauen.

Der letzten „Kastellanin" des Schlosses verdankt das Archiv Tausende von Fotos, Pläne und Schriftmaterial. Von 1945 bis zum August 1948, da die Tür zwischen Ost- und Westberlin mit der Blockade endgültig zugeschlagen wurde, transportierte sie beherzt Hunderte Seiten wertvollen Archivmaterials des Schlosses von Ost nach West.

Dann schwieg der Professor ein Weilchen und wirkte, als würde er sich an manch eine Begegnung erinnern. Er schmunzelte, wiegte den Kopf hin und her und fragte dann überraschend geradeheraus: *„Wie ist denn der Boddien heute?"*

„Oh, das lässt sich in ein paar Sätzen nicht sagen", wich ich seiner Frage aus. *„Aber ich weiß, ich muss bei meinen Aufzeichnungen aufpassen. Er wünscht – um Himmels willen – nicht glorifiziert zu werden. Bei seiner Lebensleistung ist das schwer. Von Boddien warnte mich, doch bitte keinen ‚Nachruf' zu verfassen."*

Professor Peschken ist Rheinländer. Noch heute belustigt ihn, dass der Direktorin seine fröhlich–lockere, linke Einstellung suspekt war. *„Margarete Kühn war königstreu bis werweißwohin. Trotzdem ging bis zu ihrem Ruhestand alles mit bürgerlichem Anstand über die Bühne. Die Arbeit im Archiv*

Titelbild des Katalogs zur Ausstellung „Das Schloss?"

schelmisch. *„Boddien ist Kaufmann, freundlich und verbindlich. Ein hanseatischer Kaufmann lernt so etwas noch vor dem Rechnen. Er kommt aus einer Obrigkeits-Gesellschaft calvinistischer Prägung und weiß, wie man Geschäfte macht. Sein Großvater war Rittmeister der Garde du Corps."*

Mit leichtem Räuspern, als wolle er wieder zu ernsthaften Fakten wechseln, meinte er: *„Immer, wenn Boddien Zeit hatte, kam er nach Berlin zu uns ins Archiv. Da, wo ich Jahrzehnte ehrenamtlich arbeitete. Nur zwei Semester wurde ich für Forschungszwecke freigestellt. Wenn es nur ging, war ich in Berlin. Auch ich brannte für das Schloss."* Und in merklich lauterem Tonfall fügte er hinzu: *„Niemand, wirklich niemand, konnte sich vorstellen, dass es je wiederaufgebaut werden würde."*

Sein erstes Buch über das Schloss schrieb Peschken in den Sechzigerjahren. Für die weiteren Bände ließ er sich bis zu seinem Ruhestand 1996 Zeit.

Als die DDR zusammenbrach, hatte Goerd Peschken das Gefühl, dass es an der Zeit wäre, sich des Schlosses anzunehmen. *„Nicht in Stein",* sagte er. *„Aber gemeinsam mit meinem Freund, dem Architekten Frank Augustin, tüftelten wir an einem Projekt, in dem der Palast der Republik stehenbleiben konnte und das Schloss trotzdem Gestalt annahm. Auch die Barockfassade auf Glas war unsere Idee. Als wir das Projekt in der Architekturgalerie vorstellten und dabei sogar den*

verwehrte sie mir nie. Am Ende vererbte sie mir sogar noch einen Kupferstich."

„Lassen sie uns doch ein bisschen meckern!", sagte er dann lachend und kam auf Wilhelm von Boddien zurück. Er rieb sich vergnügt die Hände und meinte

,Palazzo Prozzi' behalten wollten, ernteten wir Schimpf und Schande. Das ist heute vergessen, aber das erste Fett haben wir dabei abbekommen.

Von Boddien, so glaube ich, hat dabei kapiert, dass da was zu machen ist. Er war intelligenter, er verstand es, in den Medien zu wirbeln."

Auf meine Frage, was er empfinde, wenn er heute vor dem Schloss steht, kam er noch einmal auf seine eigene Idee der Glasfassade zurück und meinte: *„Heute verstehe ich: Das Publikum will keine intellektuellen Komplikationen. Die Leute wollen eine Sache zum Anfassen. Das haben die Politiker richtig erkannt."*

Die gesamte Oberfläche der Schlossfassaden ist reine Handarbeit...

Dann klatschte er sich auf die Schenkel und bekräftigte, merklich lauter: *„Nie, niemals hätte ich das gedacht! Das konnten wir uns nicht ausmalen, dass es das Schloss eines Tages in Stein geben würde. Und zwar auf den Zentimeter genau. Ich verstehe etwas von Restaurierungen. Ich bin perplex, dass es die Leute ohne Besserwisserei so hingekriegt haben. Das Schloss ist ein Wunder. – Was mir heute noch durch den Kopf geht, sind die Anfechtungen, die Boddien aushalten musste."*

Zu seiner Frau gewandt, die mittlerweile zu seiner Linken Platz genommen hatte und dezent durch Nicken und Kopfschütteln an unserem Dialog teilnahm, besann er sich wieder auf die von mir gewünschten Kritikpunkte. *„Es stimmt, Boddien hat eine kaufmännische Härte, die man hier nicht kennt. Wenn man in Hamburg wohlhabend wurde, verfügte man über diese Härte. Anders als in unserer molligen Gehorsamsgesellschaft. Mit Begeisterung ist er durch alles gegangen. Selbst durch seine Pleite. Eines Tages kam er zu mir, und sagte: ,Ich habe meine Firma an die Wand gefahren. Jetzt brauche ich ein Gehalt als Sekretär.' Er nannte die Summe. Die Sitzung war öffentlich. Der Förderverein stimmte ab. Und es war klar, dass er bekam, was er brauchte. – Boddien ist auch politisch begabt. Er weiß, was die Leute hören wollen. Und noch wichtiger: was sie verkraften können."*

Nach einer Pause, leicht nach vorne gebeugt, mit liebevollem Blick auf seine Frau, gestand er: *„Ich* kenne meinen Tick: Ich bewundere große Kunst, auch große Wortkunst. Ich lebe von der Kunst. Luthers Choräle liebe ich."

Beim Abschied kam er noch einmal auf das Schloss zu sprechen. Mit einer Bewegtheit, als würde er etwas selten Ausgesprochenes preisgeben, ließ er mich wissen: *„Am Tag der offenen Tür habe ich ‚den Hof' verstanden. Da kapierte ich, was Schlüter sich ausgedacht hatte. Ich bewundere ihn ungeheuer. Das erlebe ich sehr emotional. Ich glaube nicht, dass ich die großen Symphonien von Mozart verstehe. Ich erfühle sie. Bei Architektur hingegen muss ich es kapieren. Das konnte ich Jahrzehnte nicht, nur aus Fotos ist das nicht möglich. Aber jetzt, mit dem neu erbauten Schloss vor Augen, ist das ein Erlebnis."*

…aber ohne den Einsatz modernster Robotertechnik, mit der der Rohling des Kunstwerks aus dem Steinblock befreit wurde, wäre die Arbeit zeitlich nicht zu schaffen gewesen – und die Kosten wären explodiert.

HOMMAGE AN SEINEN LEHRMEISTER

Im Vorwort zu Professor Peschkens Buch „Andreas Schlüter architectus", einem Werk, das der Meister selbst nicht vollendet hat und das Peschken mit sämtlichen Zeichnungen aus seiner Forschung ergänzte, bezeichnete Wilhelm von Boddien Goerd Peschken als einen Wissenschaftler und brillanten Architekturhistoriker, der zeit seines Lebens ein „Mann auf der Suche" war. Einer, der glaubte, nie fertig zu sein. Bis ins hohe Alter hinein ist er ein Forscher geblie-

ben. Stets stellte er seine Ergebnisse und die anderer infrage. Wollte mehr wissen! Und gelangte so zu Erkenntnissen, die für jene unbequem waren, die sich zuvor schon ihres Ergebnisses sicher glaubten.

Goerd Peschken, so Boddien, sei „verliebt" in Andreas Schlüter. Für ihn ist Schlüter der deutsche Michelangelo. Ein genialer Künstler und Architekt, der nichts Schriftliches hinterlassen hat, kein architektonisches Traktat, keine theoretische Werkschau. Aber er hinterließ das Berliner Schloss, ein Gesamtkunstwerk, wie es kein zweites in Deutschland gibt. Geist und Materie waren aus einer Hand, aus einer Inspiration.

Winrich Behr.

Mit der Rekonstruktion des nie zustande gekommenen „Architektonischen Lehrbuch" erhielt Andreas Schlüter eine architektonische Stimme in unserer Zeit.

„Goerd Peschken war mein Lehrmeister", schrieb Wilhelm von Boddien. „*Sein Wissen begeisterte mich. Seine spröde Zurückhaltung ließ mich nie die Bodenhaftung verlieren. Ohne Goerd Peschken hätte ich nie den Mut gehabt, den Wiederaufbau des Berliner Schlosses zu betreiben.*"

PROMINENTE PARTNER

Soscha Gräfin zu Eulenburg, damals Vizepräsidentin des Deutschen Roten Kreuzes, erinnerte sich an ein Dinner mit Wilhelm von Boddien: „*Die Herren Richard von Weizsäcker, Bundespräsident, Otto von Simson, der große Kunsthistoriker, Spross einer der angesehensten Adelsfamilien, Wolf Jobst Siedler, Sohn eines kaiserlichen Diplomaten, und mein Vater, Winrich Behr, Topmanager in der westdeutschen Wirtschaft, waren* an dem Abend anwesend. Den Herrschaften war Wilhelms Vision nicht neu. Ich aber griff mir an den Kopf und fragte noch einmal nach: ‚Meint ihr wirklich das Berliner Schloss?' Allseitiges Nicken. Meine Verblüffung war wie ein Stichwort für Wilhelm. Er malte seinen Plan mit Worten und Gesten, es war, als würde er uns ein Bild skizzieren. Er glühte vor Tatendrang!*

Ich dachte bei mir: ‚Was für ein verrückter Hund.' Sie müssen wissen: Ein verrückter Hund ist einer, der etwas Fantastisches macht, etwas kaum Vorstellbares. Er riss uns alle mit. Der ganze Freundeskreis war begeistert."

Sie goss mir Tee nach und resümierte lächelnd: „*Was für eine ‚Perseverance', eine Persönlichkeit mit Durchhaltevermögen. Er hat uns alle angezündet, wir haben unseren ganzen Freundeskreis vom Schloss begeistert.*"

Zu ihrem Mann Richard gewandt ergänzte sie: „*Wie oft haben wir Freunde in die Schlossbauhütte geführt, ach, das können wir gar nicht mehr zählen. Bei unseren Freunden geschah das gleiche. Sie waren von den Skulpturen, der Schönheit, dem Stuck und von der Technik, wie präzise alles gearbeitet wurde, restlos begeistert. Wie wir. Ich glaube, so haben sich die Freundeskreise gebildet. Die Faszination hat sich einfach weitergetragen. Wir wollten unterstützen. Mein Vater Winrich Behr – das weiß ich, ich war oft die Chauffeuse der Herren – hat Ekkehard D. Schulz, damals Vorstandsvorsitzender von ThyssenKrupp, überzeugt, das Stahlgerüst für die Schlosssimulation zu bauen. Und soviel ich weiß, war das zu Bestkonditionen."*

Die Schloss-Attrappe benötigte das größte Metallgerüst der Welt. Sie ging in das Guinnessbuch der Weltrekorde von 1994 ein. Das Engagement hatte dem Konzern ThyssenKrupp viel an internationaler Reputation eingebracht.

DAS PHANTOM

Bis zum 4. Juli 2002 galt der Wiederaufbau des Berliner Schlosses als eine Utopie. Ein Hohenzollern–Anachronismus, der sich ins 21. Jahrhundert verirrte.

Über fünfzig Jahre nach seinem Abriss war das Schloss im öffentlichen Bewusstsein praktisch ausgelöscht. Es gab nur noch wenige Berliner, die den Barockbau mit eigenen Erinnerungen verbanden. In der nachwachsenden Generation fand sich kaum jemand, der sich für seine Geschichte interessierte. Das frisch vereinte Land hatte andere Sorgen.

Annähernd die Hälfte der heutigen Berliner Bevölkerung zog erst nach der Wiedervereinigung in die Stadt, sie wussten nichts vom Schloss und seiner zentralen Bedeutung. Als nach dem Mauerfall immer mal wieder ein Artikel über den geplanten Neuaufbau in den Medien erschien, mussten viele Berliner und Neuberliner erst mal nachschlagen, worum es dabei ging. Für die einen wirkte die Idee wie ein Witz – wer sollte sich bitteschön für einen monströsen, dunklen Kasten stark machen, für ein Millionengrab?

Die anderen, für die der größte Barockbau im Norden Deutschlands von Bedeutung war, die sich für die Idee erwärmten, hielten den Wiederaufbau am Ende doch für eine Utopie. Schön, aber nicht realisierbar.

In nahezu allen Medien erschienen Artikel von Kulturhistorikern und Bauexperten, deren Skepsis sich nicht wegdiskutieren ließ. Viele waren der Meinung, ein Wiederaufbau sei unbezahlbar. Und selbst wenn nicht, woher die Handwerker mit den erforderlichen Kenntnissen nehmen?

So dachte auch der Bauhistoriker Professor Johann Friedrich Geist, der bis 2004 Architekturtheorie und -geschichte an der Hochschule der Künste in Berlin lehrte. Er errechnete eine Summe für den korrekten Aufbau des Schlosses. Vom Abriss des Palastes einmal abgesehen.

Er schrieb in einer Akademie-Denkschrift: *„Nehmen wir an, die Schlossfälscher hätten mit ihrer Insistenz eines Tages praktischen (politischen) Erfolg, für dessen Neubau ausschließlich oberflächliche Gründe und Ausreden vorgebracht werden. Kann man einen solchen riesigen, in Hunderten von Jahren ‚gewachsenen‘, in Wirklichkeit angestückelten, unaufhörlich umgebauten, schließlich zusammengefassten Bau wiederholen?*

All jenen Schwärmern, die seit der Vereinigung vom Wiederaufbau der Hohenzollern-Residenz in der Mitte Berlins träumen, scheint der Senat endgültig eine Absage erteilt zu haben. Wenn man der Nachricht – oder auch nur dem Gerücht – Glauben schenken kann, soll der aus sozialistischen Zeiten stammende, asbestverseuchte Palast der Republik auf dem alten Schloßplatz

Um die Bedeutung des nach dem Krieg von Ulbricht geschleiften Bauwerks gegen die neue Zeit zu behaupten, planen die Schloßherren für das nächste Frühjahr eine gigantische Potemkinsche Aktion. Das Schloß soll mit Sponsorengeldern nachgestellt werden: Auf einem mit Planen verhängten Gerüst soll die alte Fassade mittels eines photometrischen Tricks projiziert werden. Mit die-

schen Forum Fridericianum und Alexanderplatz nichts Geringeres gefordert als die selbstbewußte bauliche Darstellung der dritten deutschen Republik. Es geht um das Symbol – und um die Funktionalität. Und diesen Erfordernissen, so wie sie sich für die Zukunft stellen, würde das Schloß, ganz gleich, welches Innenleben es erhielte, nicht mehr gerecht. Eine herrschaftliche

Friede dem Palast – Krieg dem Schloß

Südd. Zeitung v. 26.10.92, Nr 247

saniert werden und künftig als ein *Bundeskommunikationszentrum* fungieren. Freilich gibt es da noch ein Problem, denn es mangelt, wie so häufig, an der Abstimmung zwischen Bonn und Berlin.

Aber davon abgesehen: Wer, bitte, soll hier einmal mit wem kommunizieren, wenn es denn, woran mit Fug und Recht zu zweifeln ist, bei dem Senatsbeschluß bleibt? Indessen hat auch die Stadtschloß-Lobby ihr Herz fürs demokratische Miteinander entdeckt. Der nimmermüde, noble Förderverein denkt an ein *Kulturschloß*, notabene eine europäische Begegnungsstätte in den ursprünglichen Schlüterschen Dimensionen.

sem Einfall gleiten freilich die Gestrigen vollends ins Lächerlich-Illusionäre ab.

Die Debatte um das Schloß hat damit endgültig gespenstische Züge angenommen. Die Auseinandersetzung um das stadtplanerische Bermudadreieck am Marx-Engels-Platz droht zu scheitern, ehe sie überhaupt ernsthaft begonnen hat. In dieser Situation geht die sonst so zurückhaltende Akademie der Künste mit einer Denkschrift „Zur historischen Mitte Berlins" an die Öffentlichkeit. Die Akademie versucht einen Befreiungsschlag, indem sie darauf verweist, wie die Fixierung auf das Schloß (oder auch den Palast der Republik) die Perspektive verstellt. Es sei hier zwi-

Trutzburg verträgt sich nicht mit einem demokratischen Bauherrn. Schlimmer noch: ein Schloßneubau wäre ein fatales gesellschaftliches Signal, überdies eine nicht mehr zu begründende Verschwendung von Geld und Energie.

Die Abteilung Baukunst der Akademie plädiert für eine Herrichtung und sanfte Umwandlung des Palasts der Republik – und fällt damit zuletzt hinter das eigene Postulat einer selbstbewußten, demokratischen Bebauung der Mitte zurück. Es bleibt in Berlin offenbar beim kleinmütigen Denken. Man will den Besitzstand wahren oder zurückgewinnen. Das Neue soll immer auch das Alte sein, ob nun preußisch oder preußisch-sozialistisch. R. S.

Süddeutsche Zeitung, 26.10. 92, Beitrag von Rüdiger Schaper.

Von dem sich eine Anzahl von Plänen, aber bei Weitem nicht genug finden lassen? Von dem es zwar viele Photographien von messbarer Präzision gibt, das an plastischem Schmuck aber so reich gewesen ist, dass es sich nach zweidimensionalen Vorlagen gar nicht ‚rekonstruieren' ließe? Von dem einige Bauplastiken im Kel-

ler des Bodemuseums lagern, andere längst in anderen Bauwerken aufgegangen sind, die meisten aber nachgeahmt werden müssten, und zwar von Bildhauern, die es nirgendwo mehr gibt? Dessen archäologisch interessanter Bauschutt (90.000 Kubikmeter) in Großbaustellen, Trümmerbergen, Schutthalden versunken ist?"[7]

Und so rechnete er weiter: Tausende alter Pläne, die hier und da lagern, müssten untersucht werden und in einen Plan übergehen, der „alle historischen Schichten" wenigstens der letzten 250 Jahre einbezöge. Bis hin zum Steinschnitt der Gewölbe, der Treppenhäuser und Fassaden.

Alles dies zusammen, schrieb Geist, würde etwa fünfundzwanzig Personen zwanzig Jahre lang beschäftigen. Parallel dazu müssten Handwerker in den längst verlernten Fertigkeiten und Künsten unterwiesen werden, damit sie irgendwann einmal „die riesige, zu importierende Steinmasse in Pierre de Taille (in Stein schneiden d. R.) und in Skulpturen übersetzen könnten (sofern man nicht zum Betonguss überginge). Das ökonomische Resultat: Gesamtbaukosten von ungefähr fünfzehn Milliarden D-Mark.

Ob es überhaupt Sinn mache, dieses einmal vollständig beseitigte Gebäude wieder zu errichten, diese Frage war das Medienthema. An Spott und Ironie fehlte es nicht. Die Funktionäre der Architektenschaft, die Kunsthistoriker und die Denkmalpfleger lieferten den Stoff dazu. Rückwärtsgewandt und „Ausdruck des ewig Gestrigen" waren beliebte Argumente. Man solle doch heute in den Ausdrucksformen der Demokratie bauen. Ein Schloss passe nicht in die moderne Zeit, in einem Schloss könne doch nur ein König wohnen (Stefan Heym). Außerdem stand der Palast der Republik auf dem Boden des Schlosses.

Aus heutiger Sicht waren die Anfänge eine spannende Zeit. Und eine schwierige zugleich. Es war nicht einfach, das vergessene Schloss ins Bewusstsein der Menschen zurückzuholen.

Auf dem Schlossplatz fanden viele Termine mit Journalisten statt. Die Resonanz war mäßig. Kaum jemand war in der Lage, anhand der gezeigten Bilder sich das Schloss in dreidimensionaler Gestalt vorzustellen. Von den meisten wurde der Landmaschinen-Verkäufer als Fantast abgetan. Dennoch begann in den Medien eine abstrakte Debatte rund um das Thema.

Die taz sparte nicht mit bissigen Kommentaren. Schrieb über die Sehnsucht der Berliner Republik nach Normalität, und die „Besoffenheit" der Menschen, die sich wieder das Schloss zurückwünschten.

In der „Süddeutschen Zeitung" wurde die Debatte als lokales Phänomen abgetan.

Die FAZ bezeichnete Wilhelm von Boddien als einen Mann mit „panzerbrechenden Charme", der mit Leichtigkeit jede Tür öffnen könne.

Aber noch gab es keinen Durchbruch. Nur das in Berlin übliche Hin und Her ums Geld hatte Dauerkonjunktur. Und die Frage, ob das Ganze überhaupt nötig sei!?

EIN GENIESTREICH

Am Wochenende nach der großen Pressekonferenz in Berlin fuhr Wilhelm von Boddien mit seiner Frau nach Paris. Als die beiden am Place de la Concorde standen und die Rue de Madeleine entlangsahen, an deren Ende wie ein griechischer Tempel die Kirche Madeleine steht, fiel Wilhelm von Boddien auf, dass die Kirche an diesem Tag so merkwürdig aussah. Bei genauerem Hinsehen erkannte er, dass sie mit einer bemalten Folie kaschiert war. Der Portikus hinter einem großen Gerüst wurde restauriert.

Die verhüllte Madeleine in Paris.

1993. Zusammen mit Catherine Feff vor dem gemalten Eosanderportal.

Und „tarnte" sich der Touristen wegen mit einem Abbild der Kirche.

„Da dachte ich: ‚Hoppla, das ist ja unsere Idee, das müssen wir von Nahem sehen.' Und, kaum zu glauben, an einer Bahn stand unten links ein Name. Und eine Telefonnummer: Catherine Feff, 00:38:56-3 …

Ich weiß nicht, was das für eine Intuition war. Es machte Klick in meinem Kopf. Einen Augenblick lang durchzuckte mich die freche Preußenfrage bei der Pressekonferenz und ich sagte mir: Wenn nun ausgerechnet die Franzosen, die ja seit den Befreiungskriegen bis hin zu dem Händedruck von de Gaulle und Adenauer in Reims unsere Erbfeinde waren, dieses Schloss malen, habe ich die deutsche Presse im Griff. Auch das ist Marketing.

Catherine Feff war Anfang vierzig, unpolitisch und von unserer Idee begeistert. Wir haben ordentlich mit ihr um den Preis geschachert, denn wir hatten ja noch überhaupt kein Geld! Und dann fing sie umgehend mit den grafischen Vorbereitungen an, um schließlich nach einem halben Jahr mit fünfzig Pariser Künstlern in einem stillgelegten Automobilwerk die Schlossfassade zu malen. Alles von Hand. Auf fast 10.000 Quadratmeter Bahnen in bester tromp l'oeil –Manier.

Es gab noch keine Plotter, es gab keine Scanner. Die Franzosen haben mit einem immensen Arbeitsaufwand Schablonen im Maßstab 1:10 gefertigt, die man auf lange, aufrollbare Overheadfolien kopierte. Diese wurden dann über eine genau berechnete Entfernung auf eine wiederum aufrollbare 31 Meter lange, fünf Meter breite Klarsichtfolie projiziert und auf den Maßstab 1:1 vergrößert. Dann wurden auf dieser Folie mit Ölkreide die projizierten Linien der Schablone nachgezogen, und auf bereits schlossgelb eingefärbte, ebenfalls 31 mal 5 Meter messende PVC-Planen gelegt. Die Ölkreidelinien wurden mit einem Nagelrädchen durchlöchert, Pulver durchgerieben und, der Pulverspur folgend, die gelben Schlossbahnen mit einem Pinsel ausgemalt. All diese Arbeiten wurden von Hand auf einer Gesamtfläche von 10.000 Quadratmetern durchgeführt!

Als ich drei Wochen später wieder nach Paris in die alte Renault-Halle kam und von einem hohen Gerüst aus auf das Werk hinunterschaute, war ich heftig

Fast 10.000 m² Schlossfassade wurden von Hand gemalt! 1992 gab es noch keinen Plotter, der sie gedruckt hätte.

irritiert. Es schien, da lief etwas schief. ‚Sagen Sie mal, Frau Feff‘, fing ich vorsichtig an. Und noch etwas leiser: ‚Ich habe Sie zwar um sehr viel Geld im Preis gedrückt, aber ich will immer noch ein Schloss haben. Und was Sie da malen, ist doch kein Schloss. Schauen Sie sich mal diese Vergrößerung der Architekturlinien an. Und diesen Winkel hier, das kann es doch nicht sein. Das ist doch kein Schloss.‘

Und da sagt sie: ‚Herr von Boddien, ich male gar kein Schloss! Ich male nur Licht und Schatten. Und jetzt achten Sie mal auf den Winkel, denn jetzt kommt ein Bild dieser Simulation, wie sie in Berlin aufgestellt wird: Da sehen Sie den Winkel. Und jeder sieht sofort, das ist ein Putzspiegel, der vertieft in der Wand sitzt. Auf der einen Seite wird er von der Sonne ausgeleuchtet, auf der anderen ist er verschattet, das ist

Publikumsmagnet Schlosssimulation.

der Winkel, den Sie hier bemängeln. So lässt sich das Auge täuschen.' Und Frau Feff sagt: ‚Wenn ich nur die Architekturzeichnung male, dann ist es vielleicht aus 50 Metern interessant, aber aus 500 Metern, schon von der Treppe des Alten Museums am Lustgarten sehen Sie nur noch eine gelbe Kiste. Und mit der werden Sie nie den Wiederaufbau des Schlosses durchkriegen.' "

DAS „PLASTIKSCHLOSS"

„So haben ausgerechnet die Franzosen mich auf den richtigen Weg gebracht. Da ja noch der Palast stand, konnten wir nur das halbe Schloss davor bauen. Die andere Hälfte mit dem Schlüterhof war vom Palast der Republik besetzt. Um den Palast zu kaschieren, stell-

ten wir einen riesigen, gebäudehohen Spiegel in einen Winkel von 90 Grad zur Schlossfassade auf, auch eine Idee von Goerd Peschken. Damit erhielt die Schlosssimulation die volle, authentische Verlängerung nach hinten. Die Portale IV und V waren Zwillingsportale, fast identisch. Zwischen ihnen waren sechs Fensterachsen. Wir haben den Spiegel genau beim dritten Fenster aufgestellt, der die fehlenden drei Fenster spiegelte, sodass das Schlossbild augentäuschend in voller Länge dem Original entsprach. So wie es einmal war.

Von der Thyssen Hünnebeck GmbH ließen wir uns das weltgrößte Raumgerüst in der Originalabmessung von 30 Metern Höhe, 120 Metern Breite und 100 Metern Länge konstruieren. Das ist noch immer im Guinness Buch der Weltrekorde nachzuschlagen. An dieses Stahlgerüst zurrten wir die einzelnen 31 Meter hohen und 5 Meter breiten Fassadenbahnen fest, die dann mit Expander-Gummis am Gerüst befestigt wurden. Wenn der Wind wehte, öffneten sich Düsen, die 300 Tonnen Windlast abfangen konnten. Die Attrappe durfte ja nicht durch die Stadt segeln. Die Statik war außerordentlich mühsam, da wir wegen möglicher archäologischer Schäden an den Kellern des Schlosses unsere Imitation nicht im Boden verankern durften."

FATA MORGANA IN BERLIN

Wie es Catherine Feff mit ihrer Künstlertruppe innerhalb von vier Wochen schaffte, in Tag- und Nachtschichten 10.000 Quadratmeter Schlosssimulation zu malen, ist bis heute ein Rätsel. Am 30. Juni 1993 war es so weit: Das „Schloss" war wieder da. Wer in Berlin etwas auf sich hielt oder einfach nur neugierig war, machte sich auf den Weg zum „Schloss".

Dass dieser Tag ausgerechnet mit dem 100. Geburtstag von Walter Ulbricht zusammenfiel, hörte man erst später. Zufall oder Ironie der Geschichte?

Millionen von Besuchern haben sich bis zum 30. September 1994 die Fassadensimulation angesehen und sich von ihr überzeugen lassen.

Eine Meinungsumfrage des Forsa-Instituts unter den Berlinern ergab, dass viermal mehr Bürger für den Wiederaufbau des Schlosses votierten als für ein Gebäude in moderner Architektur.

Bernd Schultz erinnert sich heute noch gerne an ein französisches Pärchen, das vor dem Alten Museum stand und über den Lustgarten auf die Simulation schaute. Sie sagte: „Regarde comme les Berlinois ont un beau château" (Schau doch, was für ein schönes Schloss die Berliner haben).

Auf die Sache mit der Millionenspende angesprochen, schnippte Schultz sie mit einer Handbewegung kleiner: „Wilhelm erkannte, welch prächtiges visuelles

Argument diese Attrappe sein würde. Er und sein Förderverein organisierten die nötigen Spenden für die Realisierung. Um sie auf jeden Fall zu ermöglichen, ging er in letzter Minute als Privatmann erhebliche Risiken ein.

Ich habe mich nur um eine ausständige Dreiviertelmillion gekümmert, klug verhandelt und somit die Gefahr eines Insolvenzverfahrens für den Verein ausgeschaltet. Ich wünschte mir eine ,unbefleckte' Simulation für Wilhelm."

EIN LICHTER MOMENT

Zwei Sommer und einen Winter lang verzauberte die Simulation den Schlossplatz. Tag und Nacht war sie Teil des Stadtbildes. Tags strahlte die Sonne, nachts leuchtete der Mond. Licht simulierte mögliches Leben hinter den Bahnen. Der Zauber endete im September 1994.

„Sehr positiv ist mir der Besuch des damaligen Bundespräsidenten Richard von Weizsäcker und seiner Gattin Marianne in Erinnerung geblieben. Frau von Weizsäcker sagte zu mir: ,Boddien, Sie sind ein Filou.'

Nun ist das aus dem Mund einer Dame nicht unbedingt ein Kompliment. Deshalb fragte ich sie: ,Liebe gnädige Frau, sagen Sie mir bitte, wie Sie das meinen.' Und sie sagte: ,Ja, erst stellen Sie die Kiste hin, und wir finden das sensationell. Und dann lassen Sie sie so lange stehen,

dass wir uns daran gewöhnt haben. Und jetzt sieht alles so normal aus, als ob hier nie etwas anderes gewesen wäre.' Und da meinte ich: ,Genau so war es 250 Jahre lang.' ,Ja', sagte sie, ,und jetzt nehmen Sie uns die Illusion weg, und wir werden Entzugserscheinungen haben, weil das Loch wieder da ist.' – Da wusste ich, wir sind auf dem richtigen Weg."

Aber die Hoffnung, dass von nun an „der Rest nur noch Lobbyarbeit sein würde", wie die Schlosserbauer in ihrer ersten Euphorie dachten, erwies sich schnell als Trugschluss.

„Dass wir acht Jahre lang intensiv, heftig und äußerst kontrovers geführte Debatten vor uns hatten, ahnten wir nicht. Immer wieder wurden wir mit denselben Fragen konfrontiert: Ob man das Schloss aufbauen dürfe, ob der Abriss des Palastes der Republik nicht genauso arrogant sei wie der Abriss des Schlosses damals."

In den Medien liefen abstrakte Debatten. Die Zeitungen bildeten den „Resonanzboden" der politischen Auseinandersetzung. Es war nicht wirklich bedeutend, wie genau die Journalisten über den Streit berichteten, sondern vielmehr, wem sie wie zur Öffentlichkeit verhalfen, wie sie ihre Leserschaft ansprachen.

Sämtliche Argumente der Palast- und Schlossfreunde und ihrer Gegner wurden so sichtbar. Mit einer medizinisch–militärischen Metapher gesprochen: Die Zeitungen waren das Kontrastmittel, mit dem man die weit verzweigten Grabensysteme und den Fronten-

September 1994. Besuch der Familie von Bundespräsident Richard von Weizsäcker in der Schlossausstellung.

verlauf dieses gesellschaftlichen Aufruhrs erkennen und analytisch auswerten konnte. Bereits nach 1998 gab es kein einziges Argument mehr, das nicht schon irgendwann einmal ins Feld geführt wurde.

Wichtige Vertreter der Moderne sahen in der Argumentation für das Schloss eine anmaßende Verletzung ihres Selbstverständnisses. Sie betrach-

teten es als Sakrileg gegen sich, wenn es trotz ihrer Einwendungen zu einer Entscheidung pro Schloss kommen würde. Wilhelm von Boddien wurden damals die Titel „Chef der Schlossfälscherbande" und „Schlossgespenst" verliehen. Nach der endgültigen Entscheidung des Deutschen Bundestags zum Wiederaufbau des Schlossäußeren schreckte man auch nicht

Herr Boddien, wo sind die Schloss-Millionen?

Schlossherr Wilhelm von Boddien (65) droht mit Verleumdungsklage

Ein Berliner Architekt klagt an: Die Schloss-Fassade wird teurer als geplant, Spendengelder seien längst versickert. BILD hakt nach

Von K. COLMENARES

Nicht einmal zwei Monate, nachdem der Bundestag grünes Licht für das Berliner Stadtschloss gegeben hat, ist jetzt ein Streit um die Millionen-Kosten entbrannt!

Der „stern" berichtet von harten Vorwürfen gegen den Förderverein um Wilhelm von Boddien (65). Spenden für die historische Fassade seien längst ausgegeben, mit dem Geld sei überwiegend Boddiens Verein und die Schlossplanung finanziert worden.

„Der Förderverein tischt uns eine Spendenlüge auf", behauptet der Berliner Architekt Philipp Oswalt (43) auch gegenüber BILD.

UM WIE VIEL MILLIONEN GEHT ES?

Im November hat der Bundestag beschlossen: Das Stadtschloss darf nicht mehr als 552 Millionen Euro kosten. 440 Mio. übernimmt der Bund, 32 Mio. zahlt das Land Berlin. Für die restlichen 80 Mio. Euro hat Boddiens Förderverein eine verbindliche Zusage gemacht.

Aber: Erst 15 Millionen Euro haben die Schloss-Freunde bisher gesammelt. Und: Nur noch 1,5 Millionen davon seien überhaupt noch auf dem Konto, behauptet Oswalt.

BILD hakte nach: Wo sind die Millionen, Herr von Boddien? „Es ist alles so korrekt wie es sein sollte. Herr Oswalt will sich nur an uns rächen, weil er für den Erhalt des Palastes der Republik war. Und der wird ja nun vor seiner Nase abgerissen", so Boddien zu BILD.

▶ **Oswalts Vorwurf**

„Boddiens 80-Mio.-Kalkulation ist eine Schätzung von 1993. Heute braucht man mindestens 140 Mio. Euro für die Fassade."

▶ **Boddiens Antwort**

„Wir sammeln das Geld für die aufwendigen Teile der Sandsteinfassade. Und die haben wir 1993 schon so kalkuliert, dass wir heute noch mit dem Geld auskommen."

▶ **Oswalts Vorwurf**

„Abgesehen von den Kosten des Vereins, wurden die gespendeten Millionen fast ausschließlich für Aufträge an Vereinsmitglieder ausgegeben."

▶ **Boddiens Antwort**

„Wenn wir misswirtschaften würden, hätten wir das anerkannte DZI-Siegel nicht bekommen." Das „Deutsche Zentralinstitut für soziale Fragen" (DZI) bescheinigt dem Förderverein uneingeschränkte Seriosität.

Schlossherr Boddien droht jetzt, seinen Widersacher vor Gericht zu ziehen – „wegen Verleumdung".

80 Mio. Euro hat der Förderverein für die Fassade des Stadtschlosses zugesagt. Angeblich sind von den bereits gespendeten 15 Mio. Euro nur noch 1,5 Mio. übrig

davor zurück, Boddien mit schwersten Anschuldigungen wegen Geldwäsche und Untreue im Spendenwesen bei der Staatsanwaltschaft Berlin anzuzeigen. Das Verfahren wurde schließlich „wegen erwiesener Unschuld" nach § 170. 2. STPO eingestellt.

„Das war alles kein Honigschlecken, insbesondere für meine Frau und meine Familie, die aber unbeirrt zu mir hielten, wie auch unsere Freunde."

Auch BILD berichtete über den angeblichen Untreue-Skandal.

DER BUNDESTAG BESCHLOSS

Um die Entscheidung zum Wiederaufbau des Schlosses als Humboldt Forum, einer Idee des heutigen Goethe-Instituts-Präsidenten, Professor Klaus Dieter Lehmann, zu realisieren, beriefen die Bundesregierung und der Berliner Senat 2001 die „Internationale Kommission Historische Mitte Berlin" ein. Sie schlug im Frühjahr 2002 dem Bundestag den Wiederaufbau des Schlosses als Humboldt Forum vor.

Boddien erinnert sich: *„Die Abstimmung stand unter dem Vorsitz des früheren Wiener Baubürgermeisters Hannes Swoboda, eines Mannes, den man geholt hatte, weil er als ein Schwergewicht der Moderne, also als sicherer Gegner des Wiederaufbaus galt.*

Doch hatte ich ihn daraufhin in Brüssel besucht. Ich war voller Angst gewesen. Bis er den entscheidenden Satz sagte: ‚Herr von Boddien, was Wien im Verhältnis zur Moderne zu viel an Geschichte in seinen Mauern hat, hat Berlin zu wenig. Und deswegen werde ich für den Wiederaufbau des Schlosses stimmen.' Das war ausschlaggebend in der Kommission, die dann das Ergebnis ‚*Humboldt Forum plus Schloss' in den Bundestag einbrachte."*

Die Entscheidung im Bundestag war von ganz seltener Art: Man wusste, dass dieses Thema parteipolitisch nicht auszuschlachten war. Schon viele Wettbewerbe

Die „Internationale Kommission Historische Mitte Berlin" tagte über ein Jahr lang. Sie bereitete die Beschlussempfehlung für den Deutschen Bundestag vor.

Der voll besetzte Deutsche Bundestag beschloss am
4. Juli 2002 mit einer fast Zweidrittelmehrheit den
Wiederaufbau des Berliner Schlosses.

Residenzbauten der Moderne zu überlassen. Mit dem Neubau des Schlosses ergab sich die Möglichkeit, das früher so berühmte „Gesamtkunstwerk Berlin–Mitte" wiederherzustellen. So war es fast Notwehr, als der Bundestag dem Schloss mit einer Zweidrittelmehrheit den Segen gab.

„Diese Abstimmung war historisch von großer Bedeutung", erzählte Wilhelm von Boddien, „weil sie so selten ist. Es wurde eine namentliche Abstimmung vom Ältestenrat angeordnet. Das heißt, alle Abgeordneten mussten anwesend sein, es sei denn, sie waren entschuldigt. Von 630 Abgeordneten waren 589 anwesend. Namentliche Abstimmung heißt aber auch: Jeder bekennt sich mit Namenskarte zu dem, was er abgestimmt hat.

Und dann hob der Ältestenrat auch noch den Fraktionszwang auf. Es war eine der wenigen Entscheidungen, wo der Abgeordnete allein entscheiden konnte, wie er wollte. Und sogar zwei PDS-Abgeordnete haben für das Schloss gestimmt, da war ich von der Rolle. So kam eine Zweidrittelmehrheit quer durch alle Parteien zusammen."

Die Wiederaufbauidee begeisterte immer mehr Menschen. Die Jury entschied sich bei der Vergabe der drei ersten Plätze für Entwürfe, die die Kubatur des Schlosses am originalen Standort wieder vorsahen. Ohne die Installation der Schlosssimulation mit ihrer hohen Suggestionskraft wäre dieses Ergebnis wohl kaum erreicht worden.

hatten in Berlin stattgefunden. Erinnert sei nur an den über den Potsdamer Platz. Aber nirgendwo war wirkliche Begeisterung spürbar. Das Schloss hatte über Jahrhunderte die Mitte Berlins bestimmt. Man hatte Angst davor, die historische Mitte mit ihren

DER STOFF, AUS DEM DIE SCHLÖSSER SIND

SCHNÖRKELLOS

Zumindest einen Kristallleuchter hatte ich erwartet und ein bisschen was Barockes am Schreibtisch, aber auf ein sieben Quadratmeter großes Büro, gänzlich schnörkellos, war ich nicht gefasst. Selbst die Kaffeebecher unterschieden sich nicht von denen in den Baubuden. Der angedeutete Handkuss, mit dem mich Wilhelm von Boddien begrüßte, war der einzig royale Hauch im Raum.

In der Humboldtbox, einen Steinwurf vom Baugeschehen entfernt, residierte der *Spiritus Rector* des gesamten Berliner Schlossbau-Geschehens. Bis in diese Bürobox war der taz-Journalist, der ihn einmal frech, aber originell „Wilhelm den Dritten" titulierte, wahrscheinlich nie vorgedrungen.

Die Humboldtbox, ein architektonisch anspruchsloser, hellblauer Großkarton, hatte drei versöhnende Aspekte. Als Publikumsmagnet dokumentierte sie erstens über sieben Jahre einem Millionenpublikum die Baufortschritte des Schlosses. Sie erläuterte zweitens das Spendenkonzept und erlaubte drittens einen exklusiven Blick von oben auf die Mitte Berlins, auf den Dom und den Alexanderplatz. Außerdem verkehrte der Besucher hier oben Auge in Auge mit Adlern, Wappen, Löwenköpfen, Göttern, Kriegern, Widdern und Putten.

Wilhelm von Boddien sieht sich in Sachen Schloss gern als „Spinne im Netz". Er hatte sich ein Netzwerk aufgebaut und ist so durch Türen gegangen, durch die er sonst nie gekommen wäre. Spinne, Spinner oder Schlossgeist – die Frage war nur, welchen Hut man ihm aufsetzte.

Was er von zu „freundlich" daherkommenden Journalisten dachte, damit hielt er nie hinterm Berg. Als ich ihm zum ersten Mal von meiner Absicht erzählte, ein Buch über ihn schreiben zu wollen, lachte er und fand es vermessen. Mein Argument, dass es für jede Skulptur den richtigen Stein, für jede Geige höchste Ansprüche an das Holz braucht, konnte er jedoch nicht vom Tisch wischen. Baumaterialen lassen sich mit Geld bezahlen.

BERLINER EXTRABLATT

Neueste und gründliche Informationen zum Bau des Humboldt Forums in der Gestalt des Berliner Schlosses   Nr. 93 · April 2020

Bitte weitergeben!
Nicht wegwerfen!

Andreas Schlüter, der geniale
Bildhauer-Architekt, machte
das Schloss zur Gesamtskulptur.

© Angelo Noatsch

Mitteilungsblatt des Fördervereins Berliner Schloss e. V.

93. Ausgabe · Aktualisiert · Gesamtauflage 4.292.500 Exemplare

Alles zum Schloss im Internet: **www.berliner-schloss.de**

Das Berliner Extrablatt, das wichtigste Schlossmedium. Bis 2020 erschien es in
93 Auflagen mit insgesamt 4,3 Millionen gezielt verteilten Exemplaren.

Technisches Know how ist ebenfalls eine Frage der bereitgestellten Mittel und des intelligenten Wissenstransfers. Aber ein verschwundenes Schloss wieder auferstehen zu lassen, dazu bedurfte es besonderer Qualitäten. Aus welchem Holz muss ein Mensch geschnitzt sein, der ein solches Kunststück fertigbringt?!

Motivations-Gurus rühmen sich damit, zu wissen, wie ein Mensch über sich hinauswächst. Ein Schloss, schlüsselfertig als Beleg, hatte keiner. Sie waren selbst noch mit der Abzahlung ihres Eigenheims beschäftigt.

Boddien aber hatte es in unserem letzten Gespräch geschafft, mir mit wenigen Sätzen zu zeigen, dass Motivation nicht von verbalen Luftbläschen angetrieben wird.

Mich faszinierte seine lockere Überzeugungskraft, seine Klugheit, mit Kritik umzugehen und seine noble Art, den Sieg davonzutragen. Er mag dieses Wort nicht, denn ein Sieg kennt auch Verlierer – und die sollte es bei dem Projekt nicht geben, denn alle sollten, wenn sie wollten, mitgenommen werden.

Es gab guten Grund, über ihn zu schreiben.

Ich merkte an seinem hintergründigen Lächeln, dass er nach ein paar Sätzen ahnte, dass unsere „Holzqualitäten" sich ähneln. Nachgeben, ja, aber immer mit einem neuen Vorschlag schon bei der Hand.

Bescheiden winkte Wilhelm von Boddien ab. *„Ich habe mich oft gefragt: Wieso habe ich damit überhaupt angefangen?"* Nach einer ausgedehnten Pause fuhr er fort: *„Ich führte sehr viele Gespräche mit Leuten, die etwas darstellen und deswegen auch sehr vorsichtig sind. So etwas können Sie nur machen, wenn Sie keinen Ruf zu verlieren haben. Weil Sie keinen haben. Die meisten Leute haben Angst vor solchen Volumina. Es könnte ihnen zum Nachteil gereichen, weil sie ja etwas aufgebaut haben. Diese Wahrheit, dass nur Habenichtse Revolutionen anzetteln, weil sie mit dem Rücken zur Wand stehen und nichts zu verlieren haben, die gilt im Grunde auch für ein solches Vorhaben. Wenn Sie Angst haben, dass Ihre Reputation zerstört werden könnte, dann trauen Sie sich nicht. Und deswegen habe ich es einfach riskiert, mit all meiner kindlichen Naivität, die ich mir bewahrt habe."*

DAS MARKETING-KONZEPT

In der „Frankfurter Allgemeinen" las ich, dass Wilhelm von Boddien einen Charme besitze, der es ihm erlaube, jede Tür mit Leichtigkeit zu öffnen. Im Laufe der Jahre, so hieß es, habe er sich zu einer effektiven „Lobby-Maschine" entwickelt, die einen großen Anteil an der Entscheidungsfindung für das Humboldt Forum hatte.

„Ja", lachte er. *„Ich hatte viele Ehrenämter, oder, wie meine Frau immer spöttelt, viele ‚Pöstchen' in verschiedenen Berufsverbänden. Die Aufgaben, die sich daraus*

Das Berliner Schloss 2020, Lustgartenfassade, Bekrönung Portal IV.

ergaben, brachten mich in Kontakt mit Leuten, die ich nie kennengelernt hätte, wenn ich tagein, tagaus im gleichen Dunstkreis geblieben wäre.

In den fast 25 Jahren im Plenum einer Industrie- und Handelskammer habe ich den Umgang mit hervorragenden Leuten gelernt. Ohne devot zu sein, habe ich mit bedeutenden Menschen auf Augenhöhe kommuniziert."

Er hatte wieder dieses listige Lächeln im Gesicht. Darauf folgte meist noch ein witziger Nachsatz. Wie auch jetzt. *„Und daraus habe ich irgendwie eine praktikable Strategie entwickelt. Wenn Sie so wollen, ein Marketing-Konzept. Ein Teil davon heißt: Wenn du überzeugen willst, musst du wissen, dass der Wurm dem Fisch schmecken muss und nicht dem Angler. So können*

Sie Ihre Strategie entwickeln, legen die Grundlagen, um andere Menschen von Ihrer Idee zu überzeugen. Auch deshalb, weil sie sich darin wiederfinden."

Darüber wollte ich mehr wissen und verwickelte von Boddien in ein Gespräch über die Schule des Lebens.

DIE BAUERN WAREN MEINE LEHR-MEISTER

„Als junger Mann verkaufte ich Landmaschinen. Dabei habe ich viel über die Dynamik zwischenmenschlicher Beziehungen gelernt. Ein anschauliches Beispiel bot sich mir bei einem Bauern und seinem Treckerfahrer. Wenn er den Chef raushängen lässt, ist der Treckerfahrer nur ein Hanswurst, denn er ist der Boss.

In Dithmarschen kaufte ein Bauer gegen den Willen seines Fahrers einen Trecker, eine Maschine, die dem Fahrer zu klein und zu schwach war. Und siehe da, der Trecker ging dauernd kaputt. Das erste Mal schon gleich nach der Lieferung. Ich habe nur noch Monteure dort hingeschickt Nichts funktionierte, ständig war etwas defekt. Schließlich musste ich zum meinem Bedauern eine Wandlung einfädeln."

Eine Wandlung? Wer oder was sollte gewandelt werden? Wasser in Wein?

Wilhelm von Boddien lachte. Dann sagte er: „Einfacher, der Traktor musste zurück, musste ausgetauscht

werden. Ich traf mich heimlich mit dem Treckerfahrer und fragte ihn, welche Maschine mit welcher Ausrüstung er denn wolle. Weil ich schon ahnte, warum der Trecker immer kaputt war. Ich schrieb mir genau auf, was er alles haben wollte.

Der Bauer erwies sich als ziemlich sperrig. Richtig ins Gespräch kamen wir erst, nachdem ich ihn über die ,Körpersprache' in Bewegung brachte. Wir saßen in der Küche. Er mit demonstrativ über seiner Brust verschränkten Armen und schimpfte mich aus. Wetterte: ,Herr von Boddien, ich habe von ihnen zwei Trecker gekauft.' Darauf sagte ich: ,Nur einen.' Und er: ,Zwei – den Ersten und den Letzten!'

Doch auch für einen solchen Fall gibt es ein Rezept bei den Bauern. Ein ,Öffnerrezept'. Ich hörte reuig zu und seufzte. Als seine Vorwürfe langsam stockender kamen, fragte ich, ob er nicht einen ,Schluck aus der Buddel' hätte? ,Hhhhm', sagte er, ,da habe ich einen ganz Ordentlichen.' Dann ging er zum Schrank und holte von ganz hinten eine Flasche raus. Wir tranken einen kräftigen Schluck und seufzten beide. Und von da an waren seine Arme offen und die Hände lagen auf dem Tisch."

Wilhelm von Boddien demonstrierte, wie der Bauer seine Arme öffnete. Schmunzelnd fuhr er in seiner Erzählung fort: „Dann gab es den zweiten Schluck, dann den dritten, und dann begannen die Verhandlungen. Am Ende hat er einen neuen Trecker bestellt. Den

Der Verkauf von Landmaschinen prägte Wilhelm von Boddien. Die Kundenbindung über die menschlichen Beziehungen in diesem äußerst schwierigen Markt war Vorbild für seinen persönlichen Einsatz beim Schlossmarketing und bei der Spendensammlung.

Wunschtrecker seines Fahrers. Dieses Gerät funktionierte danach immer! Problemlos! Es war die beste Maschine, und sie wurde vom Treckerfahrer geliebt.

Der angeblich so kaputte Trecker kam zu mir zurück. Da er noch relativ jung war, fand ich sofort einen neuen Käufer, und bei diesem funktionierte derselbe Trecker sofort und immer. Weil der Käufer ihn mochte.

Die Wandlung hat mich viel Geld gekostet. Am Ende habe ich genau die Maschine verkauft, die der ‚Kutscher‘ haben wollte.

Wilhelm von Boddien schwieg. Und ich dachte an mein eigenes Kaufverhalten. Wie ich wohl reagieren würde … Mitten in meine Überlegungen hinein sagte Wilhelm von Boddien:

„Je mehr Sie sich mit einer von ihnen gekauften Sache identifizieren, desto eher lügen Sie sich in die eigene Tasche. Reden sich ein, dass das doch ein gutes Stück ist, das Sie gekauft haben. Selbst wenn es kaputtgeht. Weil Sie nicht zugeben wollen, dass Sie etwas Falsches gekauft haben.

Irgendwie geben die Menschen ungern Fehler zu. Der Bauer hat ja auch mich dafür verantwortlich gemacht, dass er den falschen Trecker gekauft hat. Aber dann hat ihm sein eigener Treckerfahrer gezeigt, wo der Hammer hängt."

Man nennt das wohl eine klassische Frontenverhärtung. Was kann man tun, um eine solche Situation zu entkrampfen?

„Die beiden hatten schon zuvor lange Diskussionen. Aber dann wollte der Bauer seine Macht herauskehren und sich über den Treckerfahrer erheben. Das geht selten gut, und wenn Sie das verstanden haben, dann können Sie auch mit Politikern, mit Architekten oder mit Kunsthistorikern reden. Viele haben eine dicke Betonmauer um sich herum. Sie brauchen diesen Schutzmantel, weil sie Angst davor haben, sich zu öffnen. ‚Komm mir nicht zu dicht an die Farbe‘, heißt es bei uns in Hamburg."

Da wir gerade über Kompromisse redeten … Da liegt doch der Gedanke nahe, es könnte ein „fauler" sein. Ich erinnerte mich, dass von Boddien einmal gesagt hatte, Kompromisse seien ein „wichtiges Tool" im demokratischen Miteinander.

DIE KUNST, KOMPROMISSE ZU SCHLIESSEN

„Ich bin jahrelang in semipolitischen Gremien tätig gewesen und habe dabei erst so richtig begriffen, was Demokratie ist. Demokratie ist der Kompromiss. Er funktioniert in der Wirtschaft, er funktioniert in der sozialen Gesetzgebung, er funktioniert in der Arbeitsgesetzgebung. Erstaunlicherweise aber nicht in der Kunst, weil Kunst zutiefst individuell ist.

Ich war ein angeblich ewig Gestriger, weil ja die Kunst viel weiter sein will, als wir es sind. Aber ich habe festgestellt: Künstler sind selten Entscheider, sie leben wie wir ihre Ideale und Träume. Wie ich, beide häufig nur in anderen Welten."

Gemeinsames Schweigen.

„Sie müssen Träume haben, an die Sie glauben. Sonst geht es gar nicht."

Aber dann muss man diese Träume auch durch eine dicke Nebelwand schützen, durch die niemand hindurchsehen kann. Die Angst vor dem Scheitern würde einen sonst von der Realisierung abbringen, so hatte er es mir früher einmal erklärt.

Wilhelm von Boddien nickte. Dann sagte er: *„Nur wenn die Verteidigung der Träume in Rechthaberei ausartet, geht das nicht. Man wird sagen: ‚Ich muss mich doch mit dem nicht beschäftigen. Das ist doch ein Spinner. Und der muss immer recht behalten.' Und so hören alle Gespräche auf, wir machen innerlich zu, wenn wir mit Rechthabern zusammenkommen.*

Also habe ich daraus gelernt: Wenn du etwas erreichen willst, musst du den anderen auch am Leben lassen, seine Geltung nicht mindern. Wenn er in einer entscheidenden Position sitzt, aber in bestimmten Dingen völlig anderer Meinung ist als du, musst du dich fragen, wie wichtig er für deine Ziele ist. Lohnt es sich, deine eigene Meinung durchzusetzen? Deswegen habe ich mich so gut wie gar nicht mit meinen Gegnern gestritten. Das führte zu nichts, außer dass ich ihnen Informationen abzapfte und diese in meine Argumentation einbaute."

Genau so habe ich ihn als Redner bei unserer ersten Begegnung in Gmunden erlebt. Das Konzept dahinter verstehe ich allmählich. Wenn er jemals rechthaberisch war, dürfte das lange zurückliegen. Er besteht in der Diskussion nicht auf seinen Argumenten. Eher zieht er ein kleines Pfeilchen aus dem Köcher und trifft mit einem Satz ins Schwarze. Aber niemals vergiftet. Seine innere Grundhaltung verliert er bei Kritikern nicht und lässt das Pendel nicht ins Negative ausschlagen.

„Wenn Sie sich überlegen, wir sind 80 Millionen Deutsche, dann haben Sie immer eine Riesenauswahl an Leuten, die mitmachen oder auch nicht. Aber wenn Sie sich dann auf die verkeilen, die dagegen sind, quasi aus einem überzeugten Muslim einen Katholiken machen wollen, dann können Sie nur scheitern.

Ich habe mich immer um die Leute bemüht, von denen ich die Hoffnung hatte, dass sie mitmachen würden. Ich brauchte ja nur die einfache Mehrheit. Einundfünfzig von Hundert. Das heißt Mehrheit. Und die anderen behandle ich höflich, zuvorkommend und lasse sie links liegen. Sonst ‚verkämpfe' ich mich."

Es gab Zeiten, in denen von Boddien viel verbale Prügel beziehen musste. Von den medialen Rambos ganz zu schweigen. Wenn sein Name genannt wurde, klang der Spott wie eine zweite Tonspur mit. Doch das ramponierte ihn im Inneren nicht. Es polierte seine Stärke, kristallisierte seine Werte heraus.

Ausstellungseröffnung 1993: Friede Springer, Wilhelm und Gabriele von Boddien.

„Ich weiß, dass ich jeden Augenblick des Jähzorns mit drei Stunden Reue bezahle. Ich erinnere mich an meine Großmutter, die in Zeiten bitterster Nachkriegsnot – die Söhne gefallen, das Vermögen weg, das Gut weg – mit unfassbarer Würde und Haltung zu mir sagte, wenn ich als kleiner Junge mal wieder einen Wutanfall hatte: ‚Contenance, mein Lieber! Immer: Contenance! Pflicht! Disziplin! Das prägt.‘ – Und sie lächelte dabei."

Das sind die berühmten preußischen Tugenden! Noch Haltung bewahren in haltlosen Momenten!

DER ELEGANTE WEG

Ich habe für Wilhelm von Boddien ein neues Wort kreiert. Das, was er vorlebt, nenne ich „Umgangsgeschmeidigkeit". Und die demonstrierte er mir auch jetzt wieder.

„Erinnern Sie sich noch an Cassius Clay, der später Muhammad Ali hieß? Seine Boxkämpfe waren hinreißend. Gegner, die nur draufhauen konnten, ‚tanzte er aus'. Was hatte er für eine Beweglichkeit! Schläge, die Sie und mich umgebracht hätten, pendelte er weg. Er war ein Tänzer im Ring. Auch wenn er aufgrund der Schläge, die er dennoch einsteckte, leider später dement wurde.

Den Mann habe ich bewundert für seine Intelligenz, mit reinen Schlägern so elegant umzugehen und sich dabei nicht wehzutun. Man braucht, so glaube ich, Vorbilder, die einem eine Idee geben. Eine Idee, die jeder in seine eigene Sprache übersetzen kann, um dann zu überlegen, wie man zum Beispiel selbst mit den Kompromissmöglichkeiten umgehen will."

Das wahre Wunder in der Aufbaugeschichte des Schlosses liegt für mich darin, dass von Boddien unbeschadet durch das Tal der Anfeindungen ging. An seinem Beispiel leite ich etwas für mich ab. So etwas wie einen Hoffnungsschimmer in schwierigen Momenten. Er spricht nicht über Dramen, sondern erzählt gern davon, welchen Spaß er beim Überspringen von Hürden und dem Austricksen von Fallenstellern

entwickelt hat. Heiter statt bitter zu werden, dieses Motto gefällt mir.

EINSICHTEN

Ich erinnere mich an einen Artikel in den „Ruhrnachrichten". Der Selmer Lions Club-Präsident erzählte von einer Tagung der Landmaschinenhändler im Münsterland. Damals deutete ein Kollege auf von Boddien und sagte: „Stell dir vor, der will in Berlin das Schloss wiederaufbauen!" Alle haben nur den Kopf geschüttelt und gelacht. Wie so viele.

Wilhelm von Boddien schmunzelte „Ich weiß. Sie haben mich ‚Schlossgespenst' genannt und ‚Witznummer'. Dass ein Landmaschinenhändler aus Hamburg den Berlinern ihr Wahrzeichen zurückgeben will, das war ja auch verrückt. Aber wer zuletzt lacht, lacht am besten."

Interessanterweise bedankten sich die Herrschaften vom Lions Club später mit einem dicken Scheck bei ihm. Einer der Lions-Brüder wurde sogar sein Bewunderer. Er konnte nicht fassen, wie unbeirrt und mit wieviel Engagement er das Projekt vorantrieb, und sagte: „Bitte, können Sie mir einen Satz sagen, den ich meinen Kindern mitgeben kann?"

„Ich riet ihm: Vergessen Sie nie, Ihren Kindern zu sagen: ‚Ich glaube an dich!' Das bestärkt sie darin, trotz aller Widerstände ihren Weg zu gehen. Sie sollen sich ihre kindliche Seele bewahren, voller Neugierde und Fantasie sein. Und ohne Angst, verspottet zu werden."

IN DER KRITIK NACH POSITIVEN KÖRNCHEN SUCHEN

Wie lässt sich Kritik zum Vorteil verarbeiten? Von Boddien erinnerte mich an die Metapher, die besagt: Wenn das Leben dir Zitronen gibt, mach Limonade daraus.

„Wie Sie bei unserer ersten Begegnung merkten, hatte ich Spaß an den heftigen Verbalangriffen. Die nutzen nämlich in der Regel eher mir als dem, der die Contenance verlor. Bei Kritik sollte man erst einmal analysieren, ob sie konstruktiv oder bösartig ist, verwertbar oder vernichtend. Und wenn es aufs Negative hinauslief, habe ich es abgeschüttelt wie ein nasser Hund das Wasser. Es gibt in der Tat bösartige Kritik, die auf Vernichtung aus ist."

Für Kritik, die ihm weiterhalf, entwickelte er eine Antenne, integrierte sie sofort in seine Arbeit und sammelte gute Gegenargumente.

„Dadurch habe ich gelernt, mich zu wappnen. Wann immer man mich zu Talkshows einlud, habe ich darum gebeten, der Erste in der Runde zu sein, der Stellung bezieht. Die häufig benutzten Gegenargumente konnte ich so gleich zu Beginn selbst einstreuen und entkräften, noch bevor man sie mir zum Vorwurf machte."

Sich zu revanchieren und zurückzuschlagen ist nicht von Boddiens Art. Oder zumindest verpackt er die Revanche so, dass sie freundlich klingt.

„Es macht keinen Sinn, Leute zu brandmarken, die einem wehtun. Ein altes orientalisches Sprichwort sagt: Die Hunde bellen, aber die Karawane zieht weiter."

Der frühere amerikanische Außenminister Henry Kissinger war einer der wichtigsten Unterstützer bei der Spendensammlung in den USA, hier in seinem Büro in New York.

Gabriele und Wilhelm von Boddien.

GABRIELE VON BODDIEN, DIE FRAU AN SEINER SEITE

Mit meiner Einstiegsfrage an Gabriele von Boddien, wie sehr sie sich das Ende der Schlossbaustelle wünsche, lag ich voll daneben. Sie wirkte, als hätte sie sich verhört. Leicht schmunzelnd schüttelte sie den Kopf. Dann schaute sie mir nachsichtig in die Augen und rückte meine Frage zurecht.

„Wilhelm und ich sind seit 57 Jahren zusammen. Das Schloss war von Anfang an da. Es war und ist seine größte Freude. Er brennt dafür. Der Wunsch, es wiederaufzubauen, kommt so stark aus seinem Bauch. Nur so konnte er das Ganze durchstehen. Da kann ich mir doch nicht wünschen, das seine Aufgabe beendet ist."

Gabriele von Boddien ist eine zierliche, blonde Dame in den Siebzigern mit Kleinstfältchen. Ob sie je erwogen hat, ihrer Schönheit nachzuhelfen? Die Frage stellt sich nicht, sie hätte nur ihre Lachfältchen aktiviert.

Sie wirkte agil, wach und wohltuend natürlich. *Preußischer Landadel*, dachte ich, und stellte umgehend fest, dass ich dabei ein Klischee aufrief. Sie ruhte einfach in sich. An ihrem Selbstverständnis scheint sie nie gefeilt zu haben. Auch das Rampenlicht brauchte sie nicht. Auf ihrer Werteskala stehen andere Prioritäten weit oben. In ihrem Refugium in Hamburg spielt die Familie die erste Geige. Die Boddiens haben drei Söhne und zwei Töchter. Und 15 Enkelkinder. In stürmischen Zeiten war ihr Hamburger Heim stets eine sichere Insel. Spätestens am Küchentisch verloren Erfolge oder Misserfolge emotional an Durchschlagskraft.

„Bei uns zu Hause in Hamburg spielt das Schloss keine Rolle", sagte sie voller Überzeugung. *„Bei uns fühlt sich niemand besonders fabelhaft, wenn er einen positiven Bescheid bekommen hat. Oder jetzt, weil das Schloss dasteht."*

Mit leichtem Räuspern fügte sie hinzu: *„Nun gut, allerdings wurde das Esszimmer im Laufe der Jahre eine Art Archiv. Auf dem Tisch stapelten sich Alben, Pläne und Postkarten. Und alle wussten: Bloß keinen Durchzug entstehen lassen! Es könnten Schlosspapiere davonwehen."*

Ihr erstes Zusammentreffen mit Wilhelm beschrieb Gabriele von Boddien nüchtern. Schwärmerische Geschichten mit Liebe auf den ersten Blick würde man aus ihrem Mund auch nicht erwarten. Augenzwinkernd auf seine Kulturambitionen anspielend sagte sie: *„Unser erstes Rendezvous war in der Hamburger Kunsthalle."*

Sie betonte die Sicherheit, beide wussten früh, dass sie füreinander bestimmt waren. Sie hatten sich schnell verlobt.

Wilhelm von Boddien war häufig in Berlin. Jedes Mal brachte er etwas vom Schloss mit. Gabriele fragte ihn manchmal schelmisch, ob es nicht auch mal etwas vom Brandenburger Tor geben könne. Während ihre Freunde gern zum Segeln gingen, durchforschte Wilhelm von Boddien das Berliner Schloss, dokumentierte und archivierte es bei jeder Wetterlage. Weder sie noch eines der Kinder konnte sich vorstellen, dass aus dem „Schlosshobby" mal etwas „Reales" werden würde.

Die Wende kam, als ein Redakteur vom Magazin „Merian" bei den Boddiens anfragte und kurz darauf die Bücherborde im Esszimmer „als ein unschätzbares Archiv" tagelang von mehreren Mitarbeitern durchforstet wurden.

Noch einmal unterstrich Gabriele von Boddien, als wäre das ein Geständnis: *„Seinen Forschergeist habe ich immer bewundert, aber nie geglaubt, dass es zu einer Realisierung kommt. Selbst bei unserer Silberhochzeit 1991 führten die Kinder Sketche über Papas Schlossambitionen auf. Sie zogen alles witzig durch den Kakao. Erst als sie 1993 nach Berlin kamen und die riesige illuminierte Schlossattrappe sahen, sagten sie: ,Vielleicht hat Papa ja doch recht.'*

Einer der bedrückendsten Momente für Gabriele von Boddien war, als sie eines Abends in der FAZ die Überschrift las: „Boddien unter Untreue–Verdacht: Wo sind die Millionen geblieben?"

Alle Anschuldigungen bezogen sich auf Wilhelm von Boddien. Sie war allein zu Hause. Starr vor Schreck. Ein Schock. Dann läutete das Telefon. Eine Freundin meldete sich mit den Worten: „Gabi, da ist nichts dran. Keiner von uns glaubt so etwas."

Im Rückblick auf die schwierigen Jahre voller Anfechtungen hebt sie hervor, wie großartig ihr Freundeskreis zu ihnen stand. *„Wir wurden häufiger eingeladen als je zuvor. Obwohl wir in der Presse die Gauner waren."* Kopfnickend unterstrich sie: *„Mein Mann war sensationell organisiert. Er konnte die ganze Strafanzeige mit schriftlichen Beweisen widerlegen, bevor es zum Prozess kam. Die Staatsanwaltschaft hat dann das Verfahren wegen erwiesener Unschuld eingestellt.*

Ich weiß noch, an einem Abend führten wir ein betroffenes Gespräch über die Auswirkungen der boshaften Pressemeldungen auf unsere Kinder. Sie waren im Studium, und sie bekamen viel zu hören. Wir überlegten sogar ernsthaft die Möglichkeit eines Rücktritts. Mein Mann sprach mit Richard Schröder, dem Chef unseres Vereins. Der aber reagierte unwirsch: ,Jetzt stellen Sie sich nicht so an, bei uns in der DDR habe ich ständig so etwas erlebt. Da geht man durch.' Der Mann ist unter anderem Theologe und Philosoph. Er war 1990 Fraktionsvorsitzender der SPD in der frei gewählten Volkskammer, später Verfassungsrichter in Brandenburg und Mitglied des Ethikrats der Bundesregierung."

Vielleicht war es mein betroffener Gesichtsausdruck, der sie veranlasste, so ehrlich emotional zu sagen: *„Wissen Sie, ich musste mich und die Kinder unheimlich disziplinieren, sonst hätten wir das nicht*

Bei der Eröffnung der Schlossausstellung 1993: Eberhard Diepgen, Gabriele und Wilhelm von Boddien.

durchgestarden. Ich habe immer mitgezogen. Doch selbst als der Bundestag den Bau beschlossen hatte, habe ich nicht daran geglaubt. Obwohl ich die Papiere prüfte und studierte, sah ich mich als Außenstehende.

Es ist bis heute so. Ich arbeite die Sachen durch, die mir mein Mann rüberschiebt. An Stellen, an denen ich stutze, da werden auch andere stutzen. Texte, die um 23.00 Uhr bei mir ankommen, lege ich ihm am Frühstückstisch vor."

Als ob sie gemerkt hätte, dass ich ihre innere Distanz schwer verstehen konnte, wiederholte sie noch mal für mich: „Unser Familienleben ging unbeirrt *weiter. Für mich und meine Familie änderte sich nichts. Ich unterstützte meinen Mann. Ich freute mich für ihn. Er hatte immer Architektur studieren wollen, aber er musste im elterlichen Betrieb für die Altersvorsorge seiner Eltern arbeiten. In all den Jahren haben uns die Sorgen zusammengeschweißt. Das muss man erst mal aushalten, die ganze deutsche Presse gegen sich zu haben. Ich glaube, so manche andere Ehe wäre daran gescheitert.“*

Ein Strahlen lag in ihren Augen, als sie das sagte. Ich dachte an die Geschichte vom Klassentreffen seiner Frau, die mir Wilhelm von Boddien erzählt hatte: Es war seine Idee gewesen, die „späten Mädchen“ zu beobachten, daher hatte er sich als Mundschenk angeboten und zugehört, wie die anderen ihr Leben schilderten. Die Damen hatten sich mehr als 40 Jahre nicht gesehen.

„Die haben vielleicht voreinander angegeben! Die eine war eine erfolgreiche Managerin. Sie wusste genau, wieviel Gewinne sie produziert hatte. Die andere war eine Professorin für irgendwas, und die Dritte hatte gegen jeden etwas einzuwenden. Und so bauten sie sich auf und flogen hoch. Und dann kam meine Frau an die Reihe. Sie wurde während der Vorstellung der anderen immer unruhiger, und dann sagte sie fast trotzig: ‚Ich kann mit euch nicht mithalten. Meine einzige Aufgabe war es, meinen Kindern und meinem Mann den Rücken freizuhalten.‘ Ich, der Mundschenk, goss ordentlich nach, weil ich hören wollte, was da wirklich los war. Aus Kaffee wurde Wein, und nach dem dritten Glas brach es aus der Managerin hervor, dass sie eigentlich gescheitert war. Sie habe den Beruf vor die Kinder gestellt, und ihre Kinder waren nichts geworden. Und jetzt wäre sie über siebzig, hätte die Zukunft hinter sich und könne nichts mehr ändern. Und die Kinder wollten von ihr nichts mehr wissen.“

REFLEKTIONEN ÜBER DEN WERT DER FAMILIE

„Es gibt Dinge im Leben, die einfach wichtig sind“, schloss Wilhelm vom Boddien. *„Wichtiger als jede Karriere, weil sie im Grunde die Ladestation sind, an der wir den Akku wieder auffüllen können. Meine Frau und ich haben viel diskutiert und dabei Normen entwickelt, nach denen wir unsere Kinder erziehen wollten. Wir waren uns einig darüber, dass ungeliebte Kinder, die ängstlich sind und kein Urvertrauen haben, nicht neugierig werden. Doch nur wer neugierig ist, lernt.*

Das Wichtigste für uns war, unsere Kinder zu lebensbejahenden, fröhlichen Menschen zu erziehen. Zweitens sollen sie Selbstbewusstsein entwickeln, das nicht in Arroganz mündet. Drittens müssen sie bereit sein, Verantwortung zu übernehmen. Ganz gleich, wo man sie hinstellt! Sie müssen lernen, jede Sache, die man

In Seoul, der Hauptstadt Südkoreas, wurde der ebenso wie in Berlin durch Fremdherrschaft abgerissene Königspalast vor wenigen Jahren originalgetreu wiederaufgebaut. Auf Einladung des deutschen Botschafters Hans Ulrich Seidt hielt Wilhelm von Boddien 2010 dort u.a. Vorträge über den Wiederaufbau des Berliner Schlosses. Seine Frau begleitete ihn auch dorthin.

Zusammen mit Botschafter Hans Ulrich Seidt (2.v.r.) vor dem Palasttor.

ihnen anbietet, ernst zu nehmen und sich aktiv um sie zu kümmern, anstatt sich zu beklagen. Und das Vierte ist: Sie sollten mit dem zufrieden sein, was sie sich selbst erarbeitet haben.“

Und das haben die Boddiens auch geschafft. Wilhelm von Boddien korrigiert: „Vor allem meine Frau hat das geschafft. Sie ist der ruhende Pol der Familie.

Mir geht das Herz auf, wenn ich sehe, wie die Kinder sie um Rat fragen. Und sie rät, ohne Dank zu erwarten. Einfach nur so.“

Diese Art von selbstloser Liebe verbindet von Boddien nicht nur mit seiner Frau, sondern auch mit seinem tief verwurzelten christlichen Glauben. Sein Gottvertrauen bezeichnet er als „eigentlich unerschütterlich“, und es hat ihn durch viele Schwierigkeiten getragen. *„Wie viel Gottvertrauen ich eigentlich habe, merke ich oft erst hinterher, wenn ich dem lieben Gott danke, dass er mich vor Schaden bewahrt hat. Aber heißt es nicht: Hilf dir selbst, so hilft dir Gott? Ich würde nie auf die Idee kommen, selbst passiv zu sein und von Gott zu erwarten, dass er meine Kämpfe für mich ausficht oder mir schwierige Aufgaben abnimmt. Das liegt sicher daran, dass ich als Kind diesen berühmten Satz gelernt habe, dass man sein Licht nicht unter den Scheffel stellen soll. Er stammt, glaube ich, aus der Bibel. Und besagt für mein Verständnis, dass man als Christ nicht fatalistisch sein darf, sondern sein Schicksal aktiv selbst in die Hand nehmen muss.“*

Das bedeutet aber nicht, dass man die Bodenhaftung verlieren darf, wenn einem gelingt, was man angepackt hat. Eine gesunde Demut, nicht im Sinne von „sich selbst kleinmachen“, sondern einer realistischen Selbsteinschätzung, ist ein deutlicher Wesenszug von Boddiens.

„Demut ist immer angebracht, ganz unabhängig von eigenen Erfolgen. Ich kann mir doch nicht aussuchen, dass ich heute demütig sein will, weil es gerade in mein Tageskonzept passt. Und morgen, wo Demut ebenso nötig wäre, lehne ich sie ab, weil ich mir gerade mal wieder toll vorkomme. Ich glaube, Demut empfinden zu können ist der einzige Schlüssel, um wirklich dankbar zu sein. So einfach ist das.“

Demut, Dankbarkeit, Selbstdisziplin, Mut … lauter berühmte „preußische Tugenden. Was bedeutet es für Wilhelm von Boddien, ein Preuße zu sein?

„Das ist eine unglaubliche Herausforderung! Weil Preußen für mich im Wesentlichen nicht mit der Prunksucht Friedrichs des Ersten zusammenhängt, der das Schloss erbaut hat. Preußen ist für mich unter anderem die Aufklärung. Ist Kant. Der kategorische Imperativ, den ich so interpretiere, dass die Freiheit des Einzelnen dort aufhört, wo sie anfängt, die Freiheit anderer zu beeinträchtigen. Wenn man sich klarmacht, dass Schinkel mit dem Altem Museum ein demokratisches Zeichen als Gegenpol zur Feudalfassade des Schlosses setzte, indem er eins der Seitengebäude der berühmten Agora, des Marktplatzes im antiken Athen, auf dem das öffentliche Leben zirkulierte, nach Berlin holte, dann …“

Er meinte die Agora, den Marktplatz für das freie Bürgertum, wo die Kaufleute von Athen ihren Geschäften nachgingen, Lobby-Politik betrieben, Gesetze beschlossen und sie rechtlich umsetzten. Ist es wirklich so, dass Schinkel dieses Bauwerk bewusst als demokratisches Symbol in Berlin nachbaute?

„Ja, Schinkel entschied sich ausgerechnet für diese Seitenwände der Agora und stellte sie als Zeichen der Demokratie gegen das feudale absolutistische Schloss. Und er hat die Fassade des Alten Museums nicht etwa parallel zum Schloss gebaut, sondern leicht trapezförmig zur

Brücke geöffnet, sodass man das Gefühl hat, vor zwei völlig gleichwertigen Fassaden zu stehen. Die Botschaft, die darin versteckt ist, wäre nicht mehr verständlich gewesen, wenn da irgendeine moderne Glaskiste gebaut worden wäre."

DAS KREUZ MIT DEM KREUZ

In der teils hitzig geführten Debatte um die Frage, ob die Kuppel des Schlosses mit dem ursprünglichen Kreuz ausgestattet werden solle oder (aus Gründen der Toleranz gegenüber anderen Glaubensrichtungen) nicht, bezog von Boddien klar Stellung:

„Ausgerechnet das Kreuz Christi, das für Aufopferung, Demut und Vergebung der Sünden steht, wird in der Debatte über die Berliner Schlosskuppel verteufelt, unter dem Zeichen vorgeblicher Toleranz gegenüber anderen Kulturen, ohne sich rückzuversichern, ob diese das überhaupt wollen.

Unsere Wurzeln liegen in Athen, Rom und Jerusalems Golgatha (Theodor Heuss). Darauf wiederum basiert das Grundgesetz und damit unser Rechtsstaat. Die DDR sprengte aus ideologischen Gründen das Schloss mit dem Kreuz auf der Kuppel. Sie stand für einen atheistischen Staat, der die Freiheit des Glaubens behinderte, wo immer er konnte.

Von den Gegnern des Kreuzes auf der Schlosskuppel wird Ursache und Wirkung verwechselt. Das christliche Kreuz steht für Vergebung und ermahnt zur Nächstenliebe. Christus hat für uns Menschen sein Leben am Kreuz gegeben. Wir Menschen hingegen haben seine Lehre in Hybris, Selbstüberschätzung und zur Ausübung unserer Macht über andere immer wieder mit schrecklichen Folgen missbraucht.

In Bezug auf die angeblich schutzbedürftigen außereuropäischen Kulturen und Religionen im Humboldt Forum muss man jedoch auch feststellen: Im Namen der Religion, aber auch des Atheismus haben Menschen in allen Kulturen der Welt schon immer schwerste Verbrechen gegen die Menschheit begangen. Auch um diese Auseinandersetzung einzudämmen, wird das Humboldt Forum gebaut.

Das Kreuz findet sich bei uns überall im täglichen Leben. Eine der wichtigsten Hilfsorganisationen weltweit steht unter dem Kreuz Christi: das Rote Kreuz. Unter dem Symbol des Islam arbeitet der Rote Halbmond. Mit welchem Beliebigkeitssymbol würden die Kreuzgegner denn nun konsequenterweise auch diese religiösen Symbole ersetzen wollen?

Wer die Zukunft wirklich erreichen will, muss verwurzelt sein, denn nur aus seinen Wurzeln heraus weiß der Baum, wohin er wachsen kann."[8]

Von Boddien hat das Kreuz auf der Kuppel bekommen.

1993. Die Berliner stürmten die Ausstellung. Publikumsandrang vor dem Eosanderportal aus bemalter Folie.

DER OPTIMIST

Optimismus ist eine tragende Säule der von Boddien'schen Lebensphilosophie. Kann man sich zu einem Optimisten entwickeln?

„Die meisten Leute machen den Unterschied zwischen einem Optimisten und einem Pessimisten am halbvollen oder halbleeren Glas fest. Doch für mich gibt es eine viel simplere Einordnung für Optimist und Pessimist. Sie lautet: Der Mist ist immer derselbe. Es liegt an dir, welche Vorsilbe du nimmst, Opti oder Pessi. Und wenn man sich für Opti entscheidet, muss man sich ständig in den Hintern treten, damit man auch positiv wird. Das ist etwas anderes als das gebräuchliche Bild vom halbvollen und halbleeren Glas. Ich glaube, dass man positiv zu sein und zu denken lernen kann.“

In einem Interview anlässlich einer Preisverleihung 1995 im Friedrichspalast hat von Boddien sich selbst als „Fisch im Aquarium“ bezeichnet. Das klang nicht unbedingt positiv. Doch seine Liebe zu Berlin hat von Boddien sich ebenso wenig nehmen lassen wie die Fähigkeit, auch bei Gegenwind immer wieder auf das Gute zu blicken.

„Trotz aller Schwierigkeiten bin ich ein begeisterter Fan der Stadt Berlin. Ja, ich war wie ein Fisch im Aquarium – und habe festgestellt, dass um mich herum nicht nur Haifische schwimmen, sondern auch ein großer Schwarm an Freunden, die mich beschützt

und motiviert haben. Das ist das Tolle an Berlin! Die Bürger sind trotzig, spröde, kritisch und herzlich. Aber hier findet man sogar Freunde für verrückte Ideen.“

FESTREDE PARADOX

Die Geschichte von der „Festrede“ ist für mich ein Synonym dafür, wie letzten Endes Entscheidungen zustande kommen.

Martin Sperlich hielt eine ungewöhnliche Eröffnungsrede.

„Wir hatten am 30. Juni 1993 die Simulation fertig aufgebaut. Im Innenhof stand ein großes Zelt für die

feierliche Eröffnung. 400 Gäste, die ganze Hautevolee von Berlin, war eingeladen. Vom regierenden Bürgermeister über Friede Springer bis zu den Vorstandsvorsitzenden der großen Unternehmen. Alles, was Rang und Namen hatte. Für die mussten wir eine ,Festlichkeit' inszenieren. Neben den üblichen Grußworten und ehrenden Formulierungen stand unter anderem auch eine ,Festrede' an. Bei der einer feste redet, um uns zu unterstützen."

Wilhelm von Boddien hatte Professor Martin Sperlich gebeten, diese Rede zu halten, den stellvertretenden Direktor des Schlosses Charlottenburg, der maßgeblich an dessen Wiederaufbau mitgewirkt hatte …

„Das war ein Mann, der stets sehr wohlwollend mit mir war, wenn ich ins Schloss-Archiv kam. Ein unglaublich großer Geist, auch wenn er äußerlich manchmal aussah wie ein Clochard. Ich besuchte ihn zu Hause, um mir Rat zu holen, wen ich denn als Festredner engagieren könne. Als Hamburger wusste ich nicht so genau wie er, wer hier in Berlin dafür besonders geeignet war. Und plötzlich hielt er eine wahre Philippika, eine griechische Brandrede, gegen den Wiederaufbau des Schlosses. Wetterte, dass es für ihn als Kunsthistoriker geradezu unerträglich sei, sich dem hinzugeben. Das könne ja nichts Vernünftiges werden. Das Schloss sei einmalig gewesen. Eines der wichtigsten Architekturmonumente in Berlin überhaupt. Es wäre nicht rekonstruierbar. Und es sei nur richtig, wenn man sich dagegen verwahre.

Diese Standpauke, die er mir hielt, dauerte genau 25 Minuten. Ich rutschte auf meinem Stuhl hin und her und suchte einen Ausweg, eine Gelegenheit, um abzuhauen. Ich hatte Hilfe haben und nicht mich in den Senkel stellen lassen wollen. Aber dann kam die Sensation.

Nach einer Gedankenpause sagte Sperlich auf einmal: ,Herr Boddien, wenn ich die Augen schließe, träume ich davon, das Schloss wäre wieder da. Und wenn ich sie dann öffne und das Schloss ist wieder da, wäre ich der glücklichste Mensch auf Erden!'

Und dann hat er mir klargemacht, dass diese ganze Rationalität von Architekten und Besserwissern, die dir wissenschaftlich beweisen, dass es ein Unsinn ist, so einen Bau zu errichten, rein gar nichts mit Emotion, nichts mit Gefühl, nichts mit dem Herz zu tun hat. Und so, wie der Fuchs zum kleinen Prinzen sagte: ,Man sieht nur mit dem Herzen gut, das Wesentliche ist für das Auge unsichtbar', so hat dieser Mann sein Berufsethos beiseitegeworfen und mit diesem einen Satz seine Gefühle, seine Emotionen ausgedrückt. Als Pensionär konnte er das ja auch tun, ohne sich zu blamieren.

Daraufhin fragte ich ihn: ,Professor Sperlich, Sie sind doch der ideale Festredner! Würden Sie bei der Eröffnung bitte dieselbe Rede halten, die Sie eben mir gehalten haben?'"

Eine kühne Idee, in dieser Rede durch Professor Sperlich sämtliche Vorbehalte und Kritikpunkte präsentieren zu lassen, die die anderen Anwesenden vielleicht auch hatten. „Ich sagte: Sollen die sich doch ruhig denken: ‚Was hat der Boddien sich denn dabei gedacht, der redet ja alles kaputt.' Und Sperlich sagte: ‚Das mache ich.' Und er hielt sich streng an die Regeln. 25 Minuten, eine einzige Kanonade gegen den Wiederaufbau des Schlosses. Und die Prominenten rutschten, nervös geworden, auf ihren Stühlen hin und her. Auch der Regierende Bürgermeister Eberhard Diepgen guckte mich irritiert an. Das Publikum wurde unruhig und machte mürrische Geräusche. Und dann kam der letzte Satz! Wie von der Tarantel gestochen sprangen die Leute auf, schrien, jubelten, weil er sie mitten ins Herz getroffen hatte. Und damit fing im Grunde der Durchbruch an.

Da sehen Sie, an was Sie alles denken müssen, wenn Sie so ein Riesending machen. Sie müssen die Seele der Menschen erreichen. Mit dem Verstand hat das alles nichts zu tun.“

TREPPEN WERDEN VON OBEN GEFEGT

Die Redewendung „Treppen werden von oben gefegt“ benutzt von Boddien gern. Aber was heißt das eigentlich?

„Das ist eine alte Regel. Wenn eine stark verstaubte Treppe von unten nach oben gefegt würde, fiele ja der Dreck der nächsten Stufe wieder auf die unterste zurück.

Und nochmal und nochmal, so entsteht eine Staubwolke. Und die, die ganz oben auf dem Podest stehen, nennen das Basisdemokratie, weil sie nicht sehen, was in der Staubwolke da wirklich vor sich geht. Wenn man sich aber oben einklinkt, wie wir es getan haben, dann kann man ohne Staubwolke feststellen: Hat das Ding eine Chance oder nicht?

Und wir erkannten: Unser Ding hat eine Chance, aber kaum einer will eigentlich etwas damit zu tun haben. Um auch diese Skeptiker zu gewinnen, haben wir gelernt, Kompromisse zu finden.“

Innerhalb weniger Stunden verschwand Ende September 1994 das Scheinbild des Schlosses: die bemalten Bahnen wurden einfach vom Gerüst abgeschnitten.

Portal I, Schlossplatz. Fassadendetail der Schlossruine 1950. Tausende solcher Aufnahmen des Wissenschaftlichen Aktivs wurden zur wichtigsten Quelle für alle Rekonstruktionsarbeiten, auch für die Neuentwicklung der historischen Baupläne durch den Schlossarchitekten des Fördervereins, Stuhlemmer & Stuhlemmer, Berlin, der die Fassadenaufrisse perfekt entwickelte. So konnte der Förderverein dem Bauherrn und den bauausführenden Architekten diese Baupläne zur Weiterentwicklung für den dahinter liegenden Wandaufbau des Humboldt Forums schon 2007 für den Architektenwettbewerb übergeben, der ohne diese Pläne nicht hätte stattfinden können.

DIE REALISIERUNG

DER GLÜCKSFUND

Seit 1713, als der Soldatenkönig Friedrich Wilhelm I. die ganze verschwenderische Kamarilla seines Vaters Friedrich I. vom Hof jagte, gibt es keine Baupläne mehr.

Ob Schlüter aus Rache, weil man ihn des Hofes verwies, seine Baupläne im Reisegepäck mit nach Petersburg nahm, oder – wie einige Historiker vermuten – Eosander nach seiner Entlassung für das gänzliche Verschwinden aller vorhandenen Pläne sorgte, wird ein Geheimnis bleiben.

Die noch vorhandenen Renovierungspläne oder die von Ulbricht vor der Sprengung angeordneten Messungen waren größtenteils fehlerhaft. Fotografisch hingegen ist das Schloss eines der am besten dokumentierten Gebäude. In verschiedenen Archiven der Stadt, in den Beständen der Schlossmonographie wie auch im Messbildarchiv in Wünsdorf befanden sich Tausende Ganz- und Detailfotos, vor allem auch die Tausende von Fotos, die Eva Kernlein im Auftrage des Wissenschaftlichen Aktivs 1950 zur Dokumentation der Ruine gemacht hatte. Zahlreiche Gesamtaufnahmen des Baues waren von einer solchen Qualität, dass über computergestützte Detailvergrößerungen praktisch jede Einzelheit originalgetreu ermittelt werden konnte.

Rupert Stuhlemmer, der Beauftragte des Fördervereins für die Rekonstruktion der verschollenen Baupläne, verfügte über gute Beziehungen zu Professor Jörg Albertz von der Technischen Universität Berlin, einem Fachmann für die mathematische Maßermittlung von Bauten, der so genannten Meydenbauer'schen Messbild-Photogrammmetrie. Sie wurde im frühen 20. Jahrhundert erfunden, um historische Bauten zeichnerisch zu dokumentieren, ohne sie vor Ort vermessen zu müssen.

Vom Berliner Schloss existierte eine einzigartige, alle Fassaden ausreichend wiedergebende Fotodokumentation bis zurück in das 19. Jahrhundert, der Zeit der Erfindung der Fotografie. Man fütterte die Rechner mit diesen Abertausenden Fotodaten und den wenigen nachweislich richtigen Maßen.

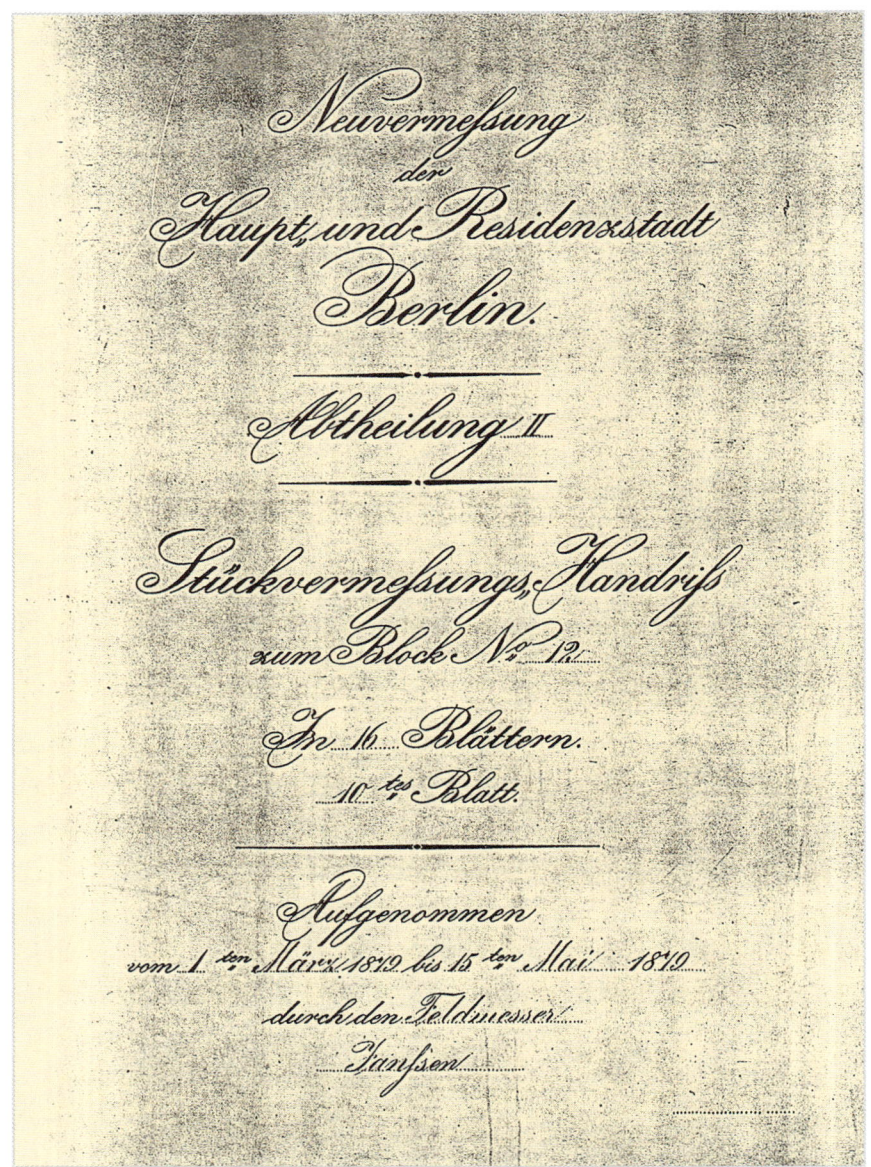

Die Handvermessungsstückliste von 1879 liefert fast 60.000 exakte Grundrissdaten des Berliner Schlosses. Sie bildeten die Basis für die nun überwältigend genaue Rekonstruktion.

In komplizierten Rechenoperationen wurden Bezüge hergestellt, die die Rekonstruktion aller anderen Fassadenmaße genauestens ermöglichten.

Wilhelm von Boddien erklärte: „*Die Fotos haben uns enorm geholfen. Es war zum Beispiel ein Schatten zu erkennen, und auf der Rückseite stand das Aufnahmedatum mit genauer Uhrzeit: 4. Juli 1904 um 15 Uhr. So konnten wir den Sonnenstand im Computer simulieren und den Schattenstand berechnen. Damit wussten wir, wie weit dieses Stück aus der Wand ragte. Und so haben wir uns detektivisch an diese ganze Planung herangearbeitet.*"

Ursprünglich ging man davon aus, dass eine Maßtoleranz von maximal drei Prozent Abweichung zum Original zu erreichen sei.

„*2001 stellten wir in einer Pressekonferenz unsere Ergebnisse vor. Wir garantierten 97 Prozent Genauigkeit. Die Journalisten verlachten uns. Keiner konnte glauben, dass uns das gelingen würde.*"

Fortuna war sicher mit im Spiel, als der Architekt Stuhlemmer auf der Suche nach alten Bauplänen der Berliner Kommandantur in einem Archiv der Finanzverwaltung auf „Handvermessungsstücklisten von 1879" stieß.

„*In diesem Jahr 1879 führte man in Berlin eine neue Grundsteuer ein. Als Bemessungsgrundlage galt nicht die Parzelle, sondern die überbaute Fläche des Bauwerks darauf. Natürlich haben die Hausbesitzer jeden Winkel sparsam gemessen. Das Finanzamt maß nach, bestätigte es im Protokoll. Und fertig war die Besteuerungsgrundlage.*

Als Rupert Stuhlemmer uns von seinem Fund der Bandnummer 15 von der Kommandantur erzählte, wurden wir hellhörig. Wir suchten und fanden tatsächlich die Bandnummer 1, das war das Schloss. Damit hatten wir auf einmal echte 60.000 Grundriss-Daten des Berliner Schlosses. So gründlich hatten die Preußen nie zuvor und nie hinterher gemessen. Jedes kleinste Detail des Grundrisses war darin dokumentiert. Zu unserer Überraschung wichen diese Originaldaten von unseren zuvor im Computer errechneten um weniger als ein Prozent ab. Die moderne Datentechnik ermöglicht es uns also, das Schloss in einer nie vorher gekannten Präzision zu rekonstruieren!"

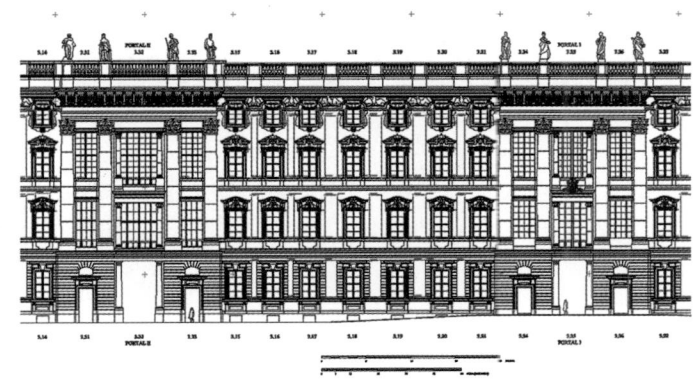

Fassadenaufriss Büro Stuhlemmer Portal I und Portal II.

Berliner Schloss 1905: Portal V am Lustgarten.

Berliner Schloss 2020: Portal V am Lustgarten.

Franco Stella, der italienische Architekt des neuen Berliner Schlosses – Humboldt Forum.

DER ARCHITEKT FRANCO STELLA – EIN SCHLÜTER AUS VICENZA

Im November 2008 gewann der Architekt Franco Stella den Architekturwettbewerb um den Wiederaufbau des Berliner Schlosses. Die Entscheidung des internationalen Preisgerichts fiel einstimmig. Mit 15:0 Stimmen hatte er sich gegen 100 Mitbewerber durchgesetzt.

Entgegen manch anderen Entwürfen versuchte Stella nicht, Schlüter und Eosander mit seinen Architekturvorstellungen zu dominieren. Er betrachtete sich interessanterweise als einen „späten Mitarbeiter" der beiden großen historischen Baumeister. Die Schlichtheit seiner modernen Fassade ist wohltuend zurückhaltend.

Der Architekt aus Vicenza sah seine Aufgabe darin, dort, wo es der Staat wünscht, die Architektursprache in die Moderne zu transformieren. Stellas Handschrift verrät jene Italianità, ein typisch italienisches Gespür für Proportion, Lichtwirkung und Monumentalität.

Seinen Siegerentwurf hat Franco Stella in einem dreijährigen Entwicklungsprozess an einigen Stellen verändert oder stärker detailliert und dem Bedarf angepasst. Stella sieht sich selbst nicht als Kopist. Nach seinem Verständnis errichtete er ein weitgehend neues Gebäude.

Die Höfe wurden zu öffentlichen Plätzen umgestaltet. Er hat das Schloss für die Bürger geöffnet, mitsamt seiner monumentalen Ostfassade. Mit dieser habe er, sagt er stolz, den Bau erst zu jener klassischen Vierflügelanlage geschlossen, als die sie ursprünglich geplant war.

Franco Stella war hierzulande kaum bekannt. Außer, dass er von 1972 an der Architekturhochschule in Venedig einen Lehrauftrag innehatte. Seit 1990 lehrt er als Professor an der Fakultät für Architektur in Genua. Er hat einen Messebau, ein Rathaus in Padua sowie eine Villa in Potsdam entworfen. Trotz dieser relativ wenigen Bauten aus seiner Feder gab es keinen Zweifel, dass er der geeignete Architekt ist, das wichtigste Bauwerk der Berliner Nachkriegszeit auszuführen.

Wilhelm von Boddien erzählte: „*Wenn man den Wiederaufbau des Schlosses prozessual sieht, dann muss ich sagen, ich bin froh, dass Stella den Entwurf gemacht hat. Weil er der einzige Architekt war, der im Inneren nicht Tabula rasa machte, sondern die Strukturen des Schlosses so wiedergegeben hat, dass wir von 60 früheren Prunkräumen – rein theoretisch – über 50 an dem Ort, wo sie waren, im Originalformat wieder einbauen könnten. Ohne viel Beton wegzustemmen, wenn die Zeit dafür gekommen ist. Das ist noch nicht der Fall. Aber die Option zum Weiterbau hat er bereits eingebaut!*"

Die Schlossbauhütte in Berlin Spandau ist das Nervenzentrum der Schlossrekonstruktion. Zahlreiche Besucher überzeugten sich von der Qualität der Arbeiten. Und den Kindern machte es einen Heidenspaß, mit anzupacken.

IM EPIZENTRUM DER SCHÖNHEIT

In der Schlossbauhütte am Rande von Spandau, hinter einer verlassenen Tankstelle der britischen Armee, arbeitete unbemerkt von der Öffentlichkeit eine Truppe weltbester Bildhauer. In der ehemaligen Kfz-Halle wurde emsig modelliert, geformt, gegossen und in Sandstein gemeißelt.

Durch ein schulterbreites Gässchen steuerte im Zickzack Wilhelm von Boddien auf unsere Journalistengruppe zu. Vorbei an Genien, Putten und Girlanden, Löwen, Jupiter und Atlanten, so, als wäre ihm hier jeder Zentimeter bekannt.

Ein Mann von zirka 1,80 Meter, schlank und drahtig, gleicher Jahrgang wie Bernie Sanders, sein graublaues Jackett bescheiden und doch Maßanzug-verdächtig. Er sprach nicht laut, für mich zu leise, aber fesselnd.

Als Boddien sich umdrehte, um die hinter ihm stehende 7,60 mal 8 Meter hohe Wappenkartusche im Detail zu preisen, zupfte ich den Kollegen rechts von mir am Ärmel und flüsterte hinter vorgehaltener Hand: „*Was denkst du über Boddien? Ich sehe das hier und ihn zum ersten Mal.*"

Er räusperte sich. „*Der! Der denkt groß. Nimmt sich kleine Etappenziele und hat dabei immer das Gesamte im Auge. Er arbeitet mental wie ein 3-D-Drucker. Bei seinen Auftritten stellt er positive wie negative Fakten dar und lässt mit Gewinnerlächeln einen Schuss*

Wilhelm von Boddien erläutert den Besuchern der Schlossbauhütte die Rekonstruktionsprinzipien.

geglücktes Erfahrungsmaterial hinzufließen. Legt krönend einen virtuellen Schlossbaustein drauf und würzt das Ganze mit einer Prise royalem Charme."

Der Kollege rechts glaubte ergänzen zu müssen: „Der baut den Berlinern ihr Schloss. Oder noch treffender: Er baut seine Spender dabei gleichzeitig mental in ihrem Selbstbewusstsein auf. Schicht für Schicht wächst und verschmilzt sein Werk. Bis die Laterne oder besser das Kreuz auf der Kuppel leuchtet."

Auf dem Gänsemarsch durch die Halle mischte sich ein anderer schlauer Kollege ein: „Kennt ihr das geniale Spendenkonzept?" Auf einiges Kopfschütteln kam er in Fahrt. „Ihr müsst wissen, jede, und sei es eine noch so bescheidene, Spende verbrieft er mit einem Zertifikat. Der gespendete Betrag hat eine Zahl, und wenn man die eingibt, zeigt ein roter Laserstrahl am Bildschirm auf den virtuellen Anteil des Spenders.

Schaut, den Palmenzweig, auf den er gerade zeigt, den kannst du in der Größe 34 mal 36 Zentimeter für unter 3000 Euro kaufen. Und später mit dem Feldstecher von unten betrachten.

Oder, etwas günstiger, den Halsring an einer Säule da drüben, den bekam eine Oma anlässlich eines Berlin-Besuchs zum Geburtstag. Opa wird dann zu Hause in Baden-Württemberg seinen Enkelkindern erzählen: In Berlin hat unsere Familie steinerne Preziosen nicht im Brett, sondern im Schloss … haha."

Darauf erklang allgemeines Gekicher. Allen dämmerte, dass wir von dem, was wir gerade bestaunten, nur einen Bruchteil verstanden.

Als Wilhelm von Boddien erklärte, dass der Fassadenschmuck des Portals V mit einigen Überresten des Originals ergänzt werde, gebrauchte ein Kollege bei seiner Nachfrage unbedacht das Wort „zusammenbasteln".

Woraufhin ihn Wilhelm von Boddien mit hochgezogener Braue, fast zurechtweisend, wissen ließ, das Wort mache ihm Beschwerden. „Hier wird mit modernsten Mitteln geforscht, mit neuester Technik entwickelt und mit eigens dazu hergestellten Präzisionswerkzeugen gearbeitet.

Aber eine Sorge ließ uns manches Mal schlecht schlafen: Wir befürchteten, die Bauzeit könnte zu kurz bemessen sein. Würden wir je genug Bildhauer dafür finden? Wir suchten europaweit und stießen tatsächlich auf hochgebildete Bildhauer, die sich mit

Vierzig mächtige Adler, die abflugbereit in den Schlüterfassaden unter dem Kranzgesims sitzen, forderten das ganze Können der Steinbildhauer heraus.

dem Preußischen Barock auskannten. Bildhauer mit besonderer Sensibilität, die wie ihre Kollegen in den Schlüterschen Bauhütten um 1700 den Meißel ansetzten. Kunsthandwerker, die ihre eigenen Vorstellungen zurückstellten und sich voll und ganz auf das Original einließen."

Einen Bildhauer, der das Gefieder eines Adlerflügels bearbeitete, fragte ich, wie weit er sich in seinem Projekt verwirklichen könne.

Etwas konsterniert legte er sein Spitzeisen zur Seite, rollte die Augen und sagte trocken: „Da muss ich Sie etwas ‚entromantisieren'. Wir Bildhauer sind bei der Arbeit mit dem Stein eins. Die meisten von uns reden nicht darüber. Es gibt zwei Arten von Menschen: Die einen besingen das Werk, die anderen behauen es."

Auf meinen fragenden Blick erklärte er nachsichtig: „Schauen Sie, da gibt es Vorgaben, das war die letzten tausend Jahre so: klare Ansagen, strenge Vorgaben und Abgabeprüfungen. Das ist wie bei Soldaten, auch da ist die Richtung fix, in die sie schießen müssen.

Auch der Preis wird uns vorgegeben. Da können Sie nicht ins Ohr des Beamten flüstern: Nehmen Sie zwei, und ich mache Ihnen einen günstigen Preis. Bei der Bezahlung ist es wie mit dem Stein, der sich nicht erweichen lässt. Bei Geldern, die vom Staat kommen, können wir locker auch mal den Budgetrahmen um zwanzig Prozent überschreiten. Bei Spendengeldern, wie hier fürs Schlossprojekt, da gluckt man auf dem Geld, da rückt man nur raus, was beschlossen war. Da regiert die Knauserigkeit."

Die Vergoldungen an den Kunstwerken der Schlossfassade sind nun nicht so üppig wie in der Kaiserzeit, aber zurückhaltend elegant.

Keiner der 40 Adler gleicht dem anderen, so hatte ich gehört und wollte von dem Bildhauer wissen, ob das stimmt.

„Ja, da gibt es eine Vielfalt an Flügeln und Haltungen … die Adler haben verschiedene Flügelspannweiten, den Fensterbreiten entsprechend. Der Adler, der mir zufiel, hatte auf dem Foto so einen grimmigen Blick. Schauen Sie, ich habe ihm auch in der Realität einen entsprechend scharfen Blick verpasst, wie einem Kampfpiloten aus dem Ersten Weltkrieg. Jeder von uns, der einen Auftrag hatte, hat sich da regelrecht ‚reingeadlert', sich in den Vogel hineingedacht. Das ist pure Handwerkskunst, so wird es von uns verlangt."

Tonnenschwere Sandsteine wurden in die mit 3 Millionen Ziegelsteinen aufgemauerten Fassaden eingelassen. Sie widerlegten den Spott mancher Medien, hier würde an den Betonrohbau lediglich eine „Steintapete" geklebt.

„In der nächsten Halle", sagte da Wilhelm von Boddien in Beslaune, „stelle ich ihnen noch unseren eifrigsten Mitarbeiter vor, den Roboter. Er ist der schnellste, ausdauerndste und genaueste Bildhauer. Nachdem das handgearbeitete, originalgetreue Gipsmodell als Vorlage 1:1 mit einem 3-D-Scanner in einen Computer eingelesen wurde, steuert dieser ein Programm. Der Roboter entfernt millimetergenau, der Vorlage entsprechend fast 97 Prozent des überschüssigen Steins. Er schlägt nicht, sondern er fräst mit Spezialwerkzeugen die Figur aus dem Stein, gekühlt von einem permanenten Schwall von Wasser. Die Fräsmethode ist steinschonender als der Meißelschlag, weil mit ihr schlagbedingte Haarrisse im Stein gar nicht erst entstehen. Dann kommt der Steinbildhauer und „beseitigt" nur noch knapp 3 Prozent des Materials. Dabei gibt er dem Rohling die entscheidende künstlerische Note, die ihn zum Kunstwerk macht. Durch den Roboter wurde die Kapazität eines Bildhauers verdreißigfacht. Und dennoch ist die Oberfläche des Kunstwerks reine Handarbeit."

Ein Kollege wollte wissen, wie hoch der Bedarf an Vergoldungsfarbe sei. „Vergoldet werden niemals ganze Figuren", sagte Wilhelm von Boddien, „sondern immer nur einzelne wichtige Bestandteile, wie zum Beispiel Palmwedel oder ein Engelsflügel. Alles auf historischer Basis beruhend. Unser Bedarf an Gold ist bescheiden."

VOILÁ, DAS SCHLOSS IST AUFERSTANDEN

Um mit Wilhelm von Boddiens Humor zu reden: Willkommen im einstigen Einfamilienhaus der Hohenzollern! Vor dem Kapitel Bau-Daten ein Ausrufezeichen zu setzen, ist nicht vermessen. Schließlich ist das einstige Schloss nicht aus einem Guss entstanden. Fünf Jahrhunderte lang hat man es erweitert und auf das Lustvollste verziert.

Das Schloss, wie wir es heute bewundern, wurde vom ersten Spatenstich bis zur letzten Befestigung der Schmuckelemente in weniger als fünf Jahren erbaut. Weder für die Schlossfreunde noch für die Skeptiker wäre eine Präzision vorstellbar gewesen, die nur ein halbes Prozent vom einstigen Gebäude abweicht.

Einer der wichtigsten Mitarbeiter für Wilhelm von Boddien war Bertold Just, der Leiter der Schlossbauhütte. Die Schlossfassade war seine Lebensaufgabe. Seinen Enthusiasmus, seine Begeisterung, sein ganzes Herz schenkte er dem Berliner Schloss. Umso schmerzlicher ist es, dass er sein Lebenswerk, nicht vollendet erleben durfte. Er starb am 26. November 2018 völlig unerwartet im Alter von 55 Jahren.

Bertold Just, der lächelnde Leiter der Schlossbauhütte, war spritus rector, Motivator und Könner, Fachmann und Psychologe in einer Person. Viel zu früh starb er im Herbst 2018. Seinem Können verdanken wir die Schönheit und Präzision des wiederaufgebauten Schlosses.

Wilhelm von Boddien erinnerte sich: „*Wie viele Male sind wir durch die Gerüste an den Schlossfassaden geturnt, um Fotos für das Berliner Extrablatt zu machen. Wie viele Sitzungen haben wir gemeinsam durchgestanden. Er war immer der, der mir mit seiner unübertroffenen Freundlichkeit und Heiterkeit die Sorgen nahm. Ich wusste, er kämpft wie ich darum, die Schönheit des Hauses so wiederherzustellen, wie sie einmal war!*"*

Im Portal I im Schlüterhof wurde ihm eine der vier Skulpturen gewidmet: Die Allegorie der Klugheit. An ihr hat er selbst mitgewirkt und sein ganzes Können bei der Restaurierung des Originals und der Anfertigung der Kopie eingebracht. In enger Zusammenarbeit mit dem Bildhauer hat er sich tief in die Qualität dieser Skulptur hineingearbeitet. Sie ist eines der schönsten Zeugnisse seiner Arbeit!

Die Figur der Klugheit im Schlüterhof wurde Bertold Just gewidmet.

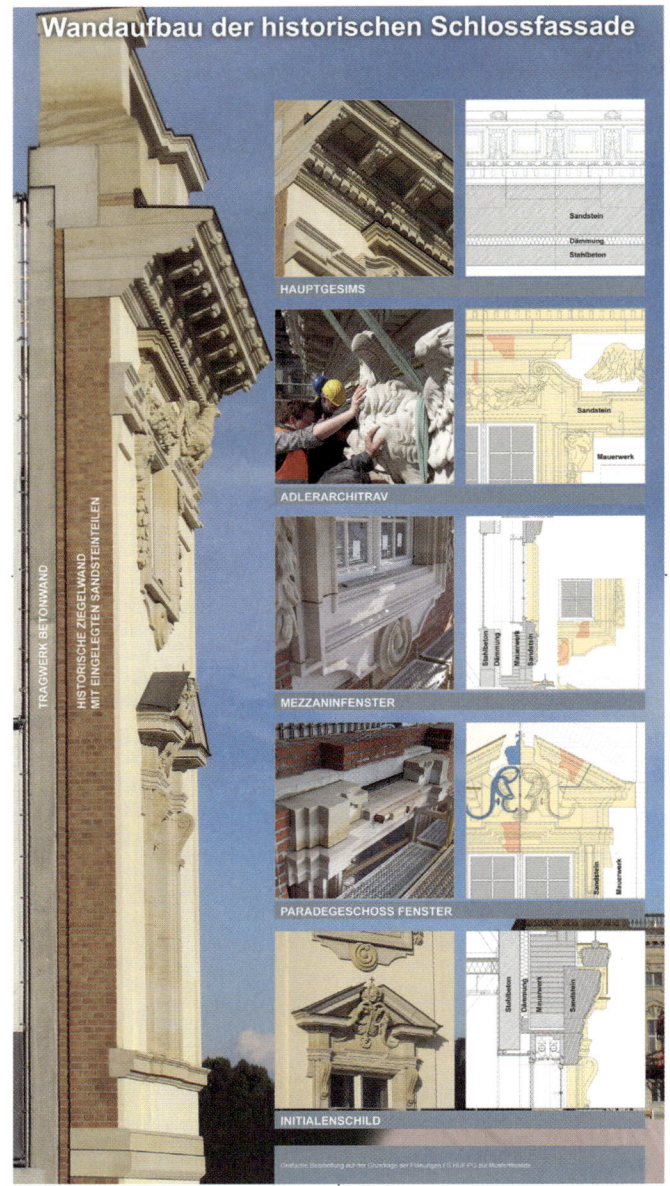

Um die Funktion des Wandaufbaus zu prüfen, wurde zu Testzwecken noch vor dem Fassadenbau eine Musterfassade aufgestellt, an der der gesamte Wandaufbau simuliert wurde. Sie half, Fehler mit gravierenden Folgen zu entdecken und damit beim eigentlichen Wiederaufbau zu verhindern.

GRUNDSTEINLEGUNG
BERLINER SCHLOSS – HUMBOLDTFORUM
12. JUNI 2013

Im Juni 2013 war es dann so weit: Bundespräsident Joachim Gauck legte den Grundstein für das Berliner Schloss – Humboldt Forum. Im Bild unten, rechts vom Bundespräsidenten steht Manfred Rettig, Vorstandsvorsitzender Stiftung. Seine klare und konsequente Führung bewirkte, dass bei seinem Ausscheiden aus dem Amt im Jahr 2016 der Baustand einen deutlichen Vorsprung gegenüber der Planung hatte.

BAUDATEN

Der Kubus des Schlosses ist 190 Meter lang, 120 Meter breit und bis einschließlich der Balustrade 31 Meter hoch. Ganze 2. 800 Quadratmeter misst die Grundfläche des Gemäuers. Das entspricht der Größe von drei Fußballfeldern. Oder vereinfacht: Schloss Versailles halbiert.

Die höchste Stelle ist mit 74 Metern das Kreuz auf der Kuppel. Friedrich Wilhelm IV. und seine Nachfolger achteten streng darauf, dass – außer den Kirchen – kein Bauwerk seine Kuppel überragt. Selbst der Reichstag musste sich fügen, er war zwei Meter niedriger.

Satte 100.000 Kubikmeter Beton und 20.000 Tonnen Stahl hat man im neuen Schloss verbaut. Der Betonkörper wurde mit 3,5 Millionen Ziegelsteinen verkleidet, und mit 3.500 Schmuckelementen aus Sandstein verziert.

Die insgesamt 41.000 Quadratmeter Nutzfläche teilen sich in einen 10.000 Quadratmeter großen Veranstaltungsbereich im Erdgeschoss, in den Etagen darüber stehen 23.000 Quadratmeter für das Ethnologische und das Asiatische Kunst–Museum zur Verfügung. Auf 4.000 Quadratmeter lebt die Welt der Sprachen und 1.500 Quadratmeter sind der Historischen Mitte Berlins gewidmet. 24 Aufzüge und 6 Rollteppen verbinden die Stockwerke.

Obwohl das Bauwerk die äußere Rekonstruktion des historischen Schlosses zeigt, ist das Gebäude ein High-Tec-Bauwerk, …

… es unterschreitet die EU-Verordnung für Niedrigenergiehäuser um mehr als 30 Prozent!

Die Nord-Südpassage, Franco Stellas Forum, zeigt, wie harmonisch sich die historischen Portale mit den neu von ihm entworfenen Seitenwänden in den Bau einfügen.

MATERIALIEN

Die Betonwände des Kubus ummantelte man mit einer 70 Zentimeter dicken Ziegelmauer. Die Sandsteine wurden hierzu gemeinsam mit dem Ziegelmauerwerk als selbsttragende Mauerschale aufgebaut, die mit Edelstahlankern am Rohbau mit Beton abgestützt wurden. In diese fügte man als letzten Schritt die Schmuckelemente ein.

Alle dekorativen Details der historischen Fassade wurden vollständig rekonstruiert. Dazu wurden einige wenige geborgene skulpturale Elemente des alten Schlosses wieder eingebaut. Die etwa 9.000 Tonnen Sandstein dazu kamen aus den Steinbrüchen des Elbsandsteingebirges und aus Niederschlesien. Man legte Wert auf Steine, die exakt den historischen Fassaden glichen und zum Teil aus denselben Steinbrüchen stammen. Der Sandstein hat drei unterschiedliche Härtegrade:

Der harte, witterungsbeständige ist zum Beispiel für die größeren, dem Wetter besonders ausgesetzten Gesimse. Für alle besonders kunstvollen Arbeiten verwendete man mittelharte oder weiche Steine. Auch die Farbvarianten unterlagen strengen Auswahlkriterien.

Um die Fassaden nicht zu bunt wirken zu lassen, benutzte man ruhige Steine mit grau-gelbem Unterton, von hoher Reinheit mit leichter Marmorierung.

DAS ENERGIEEFFIZIENTE SCHLOSS

Die heute streng normierten Anforderungen für Brandschutz, Raumklima, Lichtintensität, die ein moderner Museumsbau zu erfüllen hat, machten Andreas Schlüter kein Kopfzerbrechen.

Wenn man sich das rekonstruierte Barockschloss von außen ansieht, ahnt man nicht, was für eine innovative Technik in ihm steckt. 40 Prozent der gesamten Baukosten entfallen auf diesen Bereich. Fast das gesamte Dachgeschoss sowie große Teile des Untergeschosses dienen den Heizungsanlagen, der Lüftung und der digitalen Klima- und Steuerungstechnik.

Gleichzeitig ist das Schloss ein Vorbild an Energieeinsparung. Die Außenwände von insgesamt 60.000 Quadratmetern weisen einen um 31 Prozent niedrigeren Wärmedurchgang auf, als im Energieeinsparungsgesetz von 2009 gefordert.

Zusätzlich zum massiven, doppelwandigen und energiesparenden Fassadenaufbau nutzt man die Geothermie.

Vor der Schlossfassade bohrte man 100 Meter tief in die Erde, um Stahlrohre einzusetzen. So kann man des Bodens Wärme und Kühle, je nach Jahreszeit, aus großer Tiefe in das Energiesystem einspeisen. Zusätzlich wurde in die Betonwände ein Wärmerückgewinnungssystem installiert.

Im Sommer liefert die Geothermie 15 Prozent der Kühlung. Der Rest kommt aus Kältemaschinen und – für Spitzenlasten – sogar aus einem Eisspeicher.

KLIMASTEUERUNG

Im ganzen Gebäude, vom Erdgeschoss bis ins letzte Stockwerk, herrschen unterschiedliche Klimazonen. Luftschleusen sorgen dafür, dass das Humboldt Forum überall seinen Funktionen gerecht wird.

Die hochempfindlichen Exponate des Ethnologischen Museums und des Museums für Asiatische Kunst brauchen eine optimale Temperatur. Die darf in den Ausstellungssälen nicht über 25° C steigen. Die Toleranzvorgaben für Luftfeuchtigkeit und Temperatur sind eng gefasst, um die Witterungseinflüsse zu minimieren.

Die Techniker schaffen diese Vorgaben mit der sogenannten Bauteilaktivierung. Im Beton der Decken sind Wasserleitungen eingebaut, die im Winter um wenige Grad wärmeres und im Sommer kälteres Wasser hindurchleiten. Die präzise aufbereitete Raumluft wird über Bodeneinlässe in die Säle geführt und an der Decke über Schattenfugen wieder abgeleitet.

Die Brandschutztechnik stellt eine besondere Herausforderung dar. Die Sprinkleranlage ist nur in den öffentlichen Bereichen installiert. Löschgas wird in den Ausstellungssälen eingesetzt, da Löschwasser die Exponate zerstören würde. Das Haus ist in vier Brandabschnitte unterteilt, die gegeneinander abgeschottet sind.

KELLER-GESCHICHTEN

Das heutige Schloss steht auf 200 Stahlbetonpfählen, die man 40 Meter tief durch den Schwemmsand bis in den gewachsenen Boden rammte. Ein Teil der Pfähle hat einen Hohlraum, durch den Spreewasser zwecks Kühlung oder Heizung zirkuliert. Die Pfähle tragen die südwestliche Bodenkonstruktion des Schlosses, in denen sich noch Reste der historischen Keller als archäologisches Fenster befinden.

Das Schloss stand ursprünglich auf einem Fundament von Tausenden von Holzpfählen. Beim Neubau wurden viele von ihnen geborgen.

Unter dem Südwestflügel wurden die historischen Kellerreste des Schlosses als archäologisches Fenster für die kommende Ausstellung zur Geschichte des Ortes erhalten.

Zuvor waren rund 3.000 Gründungspfähle des einstigen Schlosses aus morastigem Boden gezogen worden. Der Bau von Gebäuden auf einer Roste aus Holzstämmen als Fundament war früher gängige Bautechnik.

2.000 der erstaunlich gut erhaltenen Kiefern-Pfähle wurden im April 2013 öffentlich versteigert. Die Liebhaber des historischen Schlossholzes mussten tief in die Tasche greifen, ehe sie daraus Möbel, Kunst oder Parkett fürs Eigenheim sägen durften.

Vor den Bauarbeiten legten Archäologen die Überreste des alten Schlosses frei. 1.500 Quadratmeter historische Kellerfläche integrierte man in den Neubau. Besucher können sogar Gebäudereste eines im 13. Jahrhundert erbauten Dominikanerklosters bestaunen.

Den Schlüterhof beherrschten die großen Portalrisalite voller Dynamik und Großartigkeit der Architektur. Hinter dem Portalrisalit VI lag der Hauptzugang zu den königlichen Gemächern, die Gigantentreppe Andreas Schlüters. Sie könnte wieder eingebaut werden, wenn man es will (s. Seite 35). Der Raum dafür ist vorhanden.

Der den Küchen angeschlossene Hühnerstall, Tür an Tür mit den Wärmestuben für 180 Wachsoldaten, wurde neu nach alten Vorgaben konstruiert.

In Vitrinen präsentiert man Kellerfunde, Hornkämme, Münzen, Spielwürfel. Seltsamerweise fand man auch Austernschalen. Ob von einer herrschaftlichen Tafel gefallen oder von einer Küchenmagd abgezweigt, die einen feschen Gardesoldaten zu beköstigen hatte, bleibt ein Geheimnis. Höhepunkt sind drei bronzene Zapfhähne, die aus dem Bierkeller der Mönche stammen.

Der Kontrast zum restlichen Keller könnte nicht größer sein. Die Präzisions-Gebäudetechnik eines Museumsbaus des 21. Jahrhunderts wirkt, um mit den Worten Wilhelm von Boddiens zu sprechen, auf den ersten Blick wie die Zentrale eines Atomkraftwerkes. Die vielen Kühlräume, die Virenschleusen gegen Erreger, Viren, Mikroben und Pilze, die unzähligen digitalgesteuerten technischen Hilfsmittel kann der Museumsbesucher nicht mal ahnen.

TAUSEND FENSTER

Da muss man erst einmal durchblicken! 513 der historischen Sprossenfenster hatten 125 verschiedene Konstruktions- und Maßvorgaben. Dagegen sind die restlichen 487 aus Stahl und Aluminium zwar modern, aber uniform. Das größte Portalfenster etwa misst 5,50 mal 9,50 Meter. Die schweren Innenflügel, die mit Elektro-

Das Berliner Schloss 2020, Schlüterhof, Nordportal V, Römische Könige Romulus und Numa.

motoren bewegt werden, wiegen – je nach Größe der Fenster – zwischen 90 Kilo und einer viertel Tonne.

Die Außenfenster entsprechen millimetergenau der historischen Fassade. Die Glasscheiben wurden in einem speziellen antiken Verfahren hergestellt. Mit ihrem leicht gewellten Glas erzielen sie eine besondere Lichtbrechung. Die barocken Rahmen wurden in bester Handwerkstradition aus europäischer Weißeiche gefertigt, anschließend lasiert und mehrfach mit Firnis versiegelt.

An die jeweils dahinter liegenden modernen Fenster stellten die Staatlichen Museen höchste Ansprüche in Sachen Sonnenschutz und Lichtsteuerung.

Um variable Verdunklungsmöglichkeiten zu bekommen, hat man zusätzlich Stoffbehänge in die Fensterzwischenräume integriert. Ein Einbruchschutz auf höchstem Niveau sichert die wertvollen Exponate vor Diebstahl. Ausgeklügelte Schallschutzanlagen halten den Geräuschpegel der Großstadt vor der Tür. Energetisch effiziente Fenster sorgen dafür, dass das Schloss die Energieeinsparverordnung um 30 Prozent unterschreitet.

Das neue Schlossfoyer am früheren Ort des Großen Schlosshofs mit dem Innenportal III unter der Kuppel zeigt große Würde und Schlichtheit. Die Architektur Franco Stellas, der hier Anspielungen auf das Theatro Olympico in Vicenza einfließen lässt, unterstreicht damit die Voraussetzungen für die Aufgabenstellung des Humboldt Forums.

DIE STRAHLENDE FREUDE

HUMBOLDT FORUM

Die Frage, ob das Schloss einen König als Mieter braucht, hat sich mit der Abdankung des letzten

Kaisers 1918 erledigt. 2020 zog Humboldts Geist in das Schloss. Berlin hat nun ein neues kulturelles Stadtquartier in nobler barocker Hülle.

Das Humboldt Forum vereint unter seinem Dach großartige Institutionen aus Kultur und Wissenschaft: das Ethnologische Museum, das Museum für Asiatische Kunst, die Berlin Ausstellung und das Humboldt Labor der Humboldt-Universität.

Das Konzept des Humboldt Forums geht zurück auf die Kunst- und Wunderkammern der Fürstenhöfe des 16. Jahrhunderts. In ihnen setzte man klug die Bereiche Natur, Kunst und Wissenschaft miteinander in Beziehung.

Die „Wunder der Welt", den Makrokosmos im Mikrokosmos zu erkennen, war das Ziel. Der Mensch sollte lernen, sich bilden und die Welt anhand von Objekten begreifen, ganz im Sinne der Aufklärung.

„Die gefährlichste aller Weltanschauungen ist die Weltanschauung derjenigen Leute, welche die Welt nie angeschaut haben!" (Alexander von Humboldt).

Alexander von Humboldt vor dem Chimborazo auf der Hochebene von Ecuador. Zeitgenössisches Gemälde von Friedrich Georg Weitsch, der nie aus Deutschland herauskam und so den Chimborazo idealisiert darstellte.

Nach dem Prinzip wurden auch die Museen auf der Museumsinsel konzipiert, um die Schätze der Kunstkammern einer großen Öffentlichkeit zu präsentieren. Die Gebrüder Humboldt würden ihre helle Freude daran haben, könnten sie sehen, wie ihre Saat aufgeht, ihr Wissen und ihre offene Weltsicht ein Millionenpublikum inspiriert.

DER FÖRDERKREIS

Am 27. August 1992 wurde der Förderverein Berliner Schloss e.V. für die Arbeit am Wiederaufbau des Berliner Schlosses gegründet.

2015 bestätigte er dem Deutschen Bundestag, den gesamten Mehrpreis der historischen Schlossfassade gegenüber einer modernen Fassade im Wert von nun 105 Millionen Euro zu finanzieren. Mit dieser Summe werden alle Kosten der historisch getreuen Rekonstruktion abgegolten. Das Spendenziel lässt sich durchaus mit dem erfolgreichen Spendenergebnis von rund 110 Millionen Euro zum Wiederaufbau der Dresdner Frauenkirche vergleichen.

Die 105 Millionen Euro stehen für die Rekonstruktion der drei äußeren Barockfassaden des Schlosses, der drei Barockfassaden des Schlüterhofs, des Eckrondells an der Südostecke des Schlosses, der historischen Kuppel sowie der Innenportale II, III und IV im Bereich des früheren großen Schlosshofs zur Verfügung. Außerdem decken sie die Planung und künstlerische Herstellung aller Schmuck- und Fassadenelemente aus Sandstein ab. Das gesamte Mauerwerk folgt der handwerklichen Tradition von vor 300 Jahren.

Die Mitglieder des Fördervereins repräsentieren einen Querschnitt der Bevölkerung. Prominente aus Politik, Medien, Wirtschaft, Kunst, Kultur und Wissenschaft fördern seine Ziele ebenso wie der Normalbürger, sei er Rentner, Facharbeiter, Arzt, Beamter oder Angestellter. Dazu kommen eine große Anzahl Jugendlicher und Freunde des Schloss-Neubaus aus der ganzen Welt. In seiner politischen Ausrichtung ist der Verein bewusst neutral. Mandatsträger politischer Parteien befinden sich nicht im Vorstand. Die Mitgliederstruktur umfasst das gesamte demokratische Parteienspektrum.

Gunther Kämmerer heißt der perfekte Organisator für praktische Anliegen. Ihm wurde das Schloss zum Lebensinhalt. Er ist stolz auf das Motto „Omnes homines aequales sunt“: Bei uns sind alle gleich.

Dem Förderverein Berliner Schloss e.V. wurde seit 2007 jedes Jahr das Spendensiegel des Deutschen Zentralinstituts für soziale Fragen (DZI) verliehen, als Zeichen für die Vertrauenswürdigkeit.

Mit stolzgeschwellter Brust fügt Gunther Kämmerer noch hinzu: *„Mit unserer Kostenstruktur unterschreiten wir sogar die Richtlinien des DZI, den sogenannten Spenden-TÜV.“*

DER FREUNDESKREIS

Die Freundeskreise sind das emotionale Zentrum der finanziellen Unterstützung. Bundesweit gibt es sie in neun Großstädten und drei kleineren Städten.

(weiter auf Seite 145)

Die vielen Freundeskreise in Deutschland waren das Rückgrat der Arbeit des Fördervereins, links der Hameln-Pyrmonter Kreis, rechts: Die Düsseldorfer Freunde übergeben im Beisein des Düsseldorfer Oberbürgermeisters Thomas Geisel im Schlüterhof ihren Scheck über 500.000 Euro. Auch in Hamburg und Hannover kamen hohe Summen über die Freundeskreise zusammen.

Wechselwirkung: Die Köln-Bonner Freunde sammelten ebenfalls mehr als eine halbe Million Euro. Zusätzlich organisierten sie, dass ein Balusterfeld für das Berliner Schloss, angefertigt in der Kölner Dombauhütte, von dieser über die Dombaumeisterin Prof. Barbara Schock-Werner gestiftet wurde. Vor 180 Jahren wurde nämlich im Berliner Schloss das Signal für den Weiterbau des Kölner Doms gegeben. In München ermöglichte der Freundeskreis die Rekonstruktion von drei Großskulpturen auf dem Eosanderportal.

Freundeskreis Berlin: Der Preis des Berliner Schlosses wurde mehrfach am Haupttag der Galopper auf der berühmten Rennbahn Hoppegarten ausgeritten. Dank der Großzügigkeit des Rennbahnbesitzers Gerhard Schöningh konnte der Förderverein mit einem Stand immer wieder für den Wiederaufbau des Schlosses werben.

Große Hilfe: Die Berliner Philharmoniker gaben im August 2018 im fast fertiggestellten Schlüterhof unter ihrem designierten Chefdirigenten Kirill Petrenko ein hinreißendes, laut umjubeltes Benefizkonzert. Der gesamte Erlös floss ungeschmälert in den Wiederaufbau des Berliner Schlosses.

Mit viel Engagement und freundlichen Gesichtern verteilen sie in den Hotels, in Fußgängerzonen und im privaten Umfeld das neueste „Berliner Extrablatt". Die persönlichen Gespräche und die eigene Begeisterung öffnen ungeahnte Türen. Viele der Freunde glänzen durch Einfallsreichtum. Ob bei noblen Fundraising-Dinners mit hochkarätiger musikalischer

Begleitung, bei Benefiz-Konzerten oder Vorträgen im kleinen privaten oder großen öffentlichen Rahmen, ihre Faszination für das Schlossbaugeschehen ist buchstäblich mit Händen zu greifen.

Auf Einladungen zu persönlichen Festen wie runden Geburtstagen, Ehejubiläen oder Gartenfesten liest man häufig: „Bitte sehen Sie von lieb gemeinten

Das Berliner Schloss 2020, Lustgartenfassade, Eckkartusche am Übergang zur Eosanderschulter.

"Und dann der Schlüterhof! In der ganzen Welt wüsste ich nichts Vergleichbares an eigenwilliger Originalität zu nennen: nicht sehr groß in den Abmessungen, aber voll großartiger Gestaltung in der kraftvollen Gliederung und Dichte seiner in den gewagtesten Gegensätzen aufgebauten und gerade dadurch zu raumbindender Struktur geformten Schauseiten, denen wieder die Portale mit ihren wuchtigen Säulenstellungen und reich durchfensterten Risaliten sowie dem krönenden Schmuck ihrer Figuren rhytmische Ordnung voll unvergesslicher Feierlichkeit verleihen."

Ernst Gall, 1950 , Generaldirektor der Preußischen und Bayerischen Schlösserverwaltung nach dem Krieg

Geschenken ab. Über eine Spende für das Berliner Schloss würden wir uns dagegen sehr freuen." Und diese Bitte ist ganz konkret. Mit IBAN, Name und Stichwort!

Danach befragt, was ihn glücklich machen würde, sagte Wilhelm von Boddien: *„Wenn die völlig selbstlose Leistung der Hunderten von ehrenamtlichen Helfern auch einmal öffentlich von den Politikern mit einem Dank gewürdigt würde, und dazu auch ruhig mal die großartige künstlerische Leistung der Bildhauer, Steinmetze und Architekten, und auch die Zehntausenden von Spendern dabei nicht vergessen werden, dann wäre ich überglücklich!"*

Die Antike im Berliner Schloss: Die Statue des Antinous wird im Schlüterhof dem staunenden Publikum gezeigt.

Ab und zu macht einer der Freunde den Versuch, Wilhelm von Boddien die drei Worte „Bitte um Spenden" in den Mund zu legen. Vergeblich! Er glaubt, dass letztlich nur die Faszination des Schlosses und die Freude am Schönen überzeugen. Und die Portemonnaies öffnen.

Er hält sich an die Poesie von Antoine de Saint-Exupéry:

Wenn du ein Schiff bauen willst,

dann trommle nicht Männer zusammen,

um Holz zu beschaffen,

Aufgaben zu vergeben

und die Arbeit einzuteilen,

sondern wecke in ihnen die Sehnsucht

nach dem weiten, endlosen Meer!

Das Schloss stellt die Harmonie der Bauten in der historischen Mitte Berlins wieder her.

2020. Das Berliner Schloss ist wieder da. Siehe auch Seite 46.

Das Berliner Schloss 2020, Schlossplatzfassade, Portal I, Attika.

Höhepunkt und Abschluss der Schlossrekonstruktion am 29. Mai 2020: Die Laterne schwebt über der Schlosskuppel.

LITERATURVERZEICHNIS

[1] aus dem Referat *„Über den Fünfjahresplan und die Perspektiven der Volkswirtschaft"* von Walter Ulbricht, gehalten auf dem 3. Parteitag der SED, 20.– 24. Juli 1950

[2] Zitiert nach: *Vossische Zeitung* Nr. 576 vom 10. November 1918

[3] Girnus, zitiert nach: Wilhelm von Boddien: Die Gegenstände: Schloss und Palast – eine Beschreibung des Themas, in von Boddien, Wilhelm/Engel, Helmut (Hg.): *Die Berliner Schlossdebatte – Pro und Contra,* Berlin 2000, S. 11

[4] Text- und Bildarchiv Wilhelm von Boddien

[5] Otto Grotewohl, Ministerpräsident der DDR, zitiert nach: Wilhelm von Boddien: Die Gegenstände: Schloss und Palast – eine Beschreibung des Themas, in von Boddien, Wilhelm/Engel, Helmut (Hg.): *Die Berliner Schlossdebatte – Pro und Contra,* Berlin 2000, S. 11

[6] Zitiert nach *„Die Welt"* vom 20.01.2006

[7] Zitiert nach Manfred Sack, Das Berliner Schloßgespenst, in: *Die Zeit,* Nr. 52/1992

[8] https://www.morgenpost.de/berlin/article210791431/Was-fuer-ein-Kreuz-auf-der-Kuppel-spricht-und-was-dagegen.html

BILDNACHWEIS

Wir danken allen Archiven, die uns die hier abgedruckten Bilder zur
Verfügung stellten!

Bildnachweis:

Angelo Noatsch, Berlin
Seiten: 96, 152
Astrid Krüger, Berlin
Seite 104
Berliner Dom-Archiv
Seite: 42 links oben
Brandenburgisches Landesamt für Denkmalpflege, Wünsdorf
Seiten: 15, 18, 20, 21, 22, 26, 27, 29, 30, 34, 35, 42 rechts oben, 48, 56,
62, 63, 116, 120,
Catherine Feff, Paris
Seiten: 84, 85
Förderverein Berliner Schloss e.V.
Seiten: 19, 83, 103, 109, 115, 119, 121, 122, 123, 124, 125, 126, 127, 128,
129, 130, 131, 133, 135, 136, 137, 138, 139, 143, 144, 146, 147, 150, 151
Fred Brück, Berlin
Seite 115
Klaus Lehnartz
Seiten: 70, 101 107, 112
Michael Haddenhorst, Berlin
Seite 68/69
Landesarchiv Berlin
Seiten: 23, 24, 25, 43, 45, 47, 50, 67
Postkarten
Seiten: 32, 39, 49, 54
Goerd Peschken, Berlin
Seiten: 33 rechts oben, 76
Jan Juri Reetz, Berlin
Seiten: 104, 145, 148, 153

Stiftung Humboldt Forum im Berliner Schloss, Berlin
Seiten: Titelseite, 131
*Stiftung Preußische Schlösser und Gärten Berlin und Brandenburg,
Potsdam*
Seiten: 31, 36, 37, 46, 113
Thyssen-Hünnebek, Ratingen
Seite 86
Wolfgang Thierse
Seite 8

Bei einigen Bildern konnten wir trotz gründlicher Recherche
die Quelle nicht feststellen. Sie liegen z.T. in verschiedenen Archiven.
Wir bedauern das und bitten den wirklichen Rechteinhaber mit
seinem Nachweis Kontakt mit uns aufzunehmen, damit wir die
Lizenzgebühr nachentrichten können!

Veronika Zickendraht *(Foto: privat)*

ÜBER DIE AUTORIN

Veronika Zickendraht ist im österreichischen Salzkammergut geboren und aufgewachsen. Nach einer Ausbildung in Modedesign arbeitete sie als Geschäftsführerin im Haute-Couture-Bereich. Nach einer Familienzeit beriet sie Klienten aus Wirtschaft und Öffentlichkeit, was wiederum zu einer rundfunk- und fernsehjournalistischen Tätigkeit führte, und verfasste diverse Kommunikationsratgeber. Ihr Fokus liegt heute auf Coaching und Lebensreflexion.

IMPRESSUM

© 2020 der deutschen Ausgabe adeo Verlag, Dillerberg 1, 35614 Asslar,
in der SCM Verlagsgruppe GmbH

1. Auflage 2020
Bestell-Nr. 835 275
ISBN 978-386334-275-3
Umschlaggestaltung: Mareike Schaaf
Umschlagfoto: Eckkartusche am Eosander-Risalit, Mai 2019
© SHF / Stephan Falk
Satz: Projektdesign Birgit Meyer; Mareike Schaaf
Lektorat: Bernd Siegmund
Druck und Verarbeitung: Print Consult GmbH, München
www.adeo-verlag.de